SENAI-SP editora

objeto brasil ®

Design

Editor
Rodrigo de Faria e Silva

Editoras assistentes
Juliana Farias
Ana Lucia Sant'Ana dos Santos

Produção gráfica
Paula Loreto

Projeto gráfico
Raquel Matsushita

Diagramação
Juliana Freitas | Entrelinha Design

Revisão
Jô Santucci
Bárbara Borges

ASSOCIAÇÃO OBJETO BRASIL

Concepção e direção editorial
Joice Joppert Leal

Edição executiva
Otávio Nazareth

Redação
Lúcia Tulchinski
Monalisa Neves
Otávio Nazareth
Rubia Piancastelli

Produção editorial
Bebé Castanheira
Rubia Piancastelli
Balbina Arantes (assistente)
Patrícia Maurer Koch (assistente)

Fotografia
Denise Andrade
Pedro Garcia
Acervo Objeto Brasil
Prêmio IDEA/Brasil
Acervo dos participantes e divulgação

Assessoria de comunicação
Teresa Mattos

SENAI-SP EDITORA
Avenida Paulista 1313 4º andar
01311.923 São Paulo SP
+55 11 3146 7308
editora@sesisenaisp.org.br
www.senaispeditora.com.br

ASSOCIAÇÃO OBJETO BRASIL
Rua Natingui 1148
05443.002 São Paulo SP
+55 11 3032 7191
associacao@objetobrasil.com.br
www.objetobrasil.com.br

PRINTED IN BRAZIL 2012

Objeto Brasil
Um novo olhar sobre o design brasileiro / Associação Objeto Brasil. São Paulo : SENAI-SP editora ; Associação Objeto Brasil, 2012. (Design)
336 p. il.

ISBN 978-85-65418-66-9

1. Desenho industrial 2. Design 3. Desenvolvimento de produtos I. Associação Objeto Brasil II. Título

CDD – 745.20981

Índices para catálogo sistemático:
1. Desenho industrial: Desenvolvimento de produtos
2. Design: Desenvolvimento de produtos

UM NOVO OLHAR SOBRE O DESIGN BRASILEIRO

SENAI-SP editora

REALIZAÇÃO
objeto brasil

PATROCÍNIO
SEBRAE

No compasso do design e da inovação

DOROTHEA WERNECK
Secretária do Desenvolvimento Econômico do Estado de Minas Gerais e integra o Conselho da Associação Objeto Brasil

No Brasil do século XXI, o design e a inovação desempenham papéis cada vez mais relevantes. Agregar valor ao produto é essencial para o fortalecimento da competitividade das empresas brasileiras no mercado interno e no cenário global. Alcançar e manter esse patamar depende diretamente da incorporação do design e de fatores como a gestão de qualidade e o aumento da eficiência e da produtividade. O país do futuro é o país do agora. Aproveitemos, portanto, como inspiração, as lições que veremos a seguir. Nada melhor do que exemplos concretos para orientar o caminho do sucesso.

Mostramos originalidade e brasilidade de múltiplas formas e em segmentos distintos, como a moda, a joalheria, a movelaria, as artes plásticas e em dezenas de outras áreas. Somos referência de um jeito de ser e viver, cobiçado por povos de todos os cantos do mundo. Não somos apenas o país tropical das praias, do Carnaval e do futebol. Nosso parque industrial modernizou-se para atender às demandas de um mercado global cada vez mais exigente. Com a incorporação cada vez mais frequente da inovação e do design, e com políticas públicas adequadas, podemos ir muito mais longe. Aonde queremos chegar? Essa talvez seja uma boa pergunta a ser feita por todos nós agora.

Há algumas décadas, a visão de alguns pioneiros foi fundamental para alavancar o processo que hoje flui na direção da economia criativa, em que o capital intelectual é a mola propulsora do desenvolvimento, apoiado no tripé da sustentabilidade econômica, social e ambiental. É o que vemos com alegria nesta obra, na abordagem de profissionais renomados responsáveis pela incorporação do design e da inovação em seus segmentos de atuação. Lançar um olhar sobre o trabalho destes especialistas nos permite entender melhor quem somos e para onde vamos. Esse "novo olhar" nos ajuda a enxergar a importância do design nacional, seu caráter interdisciplinar, os voos altos e os mergulhos, sua contemporaneidade e relevância. E nós, brasileiros, sentimos um enorme orgulho.

Nas próximas páginas, podemos entender a importância da economia criativa como elemento aglutinador, no qual a inclusão social desponta como protagonista, proporcionando assim o tão sonhado equilíbrio entre justiça social e desenvolvimento econômico.

No caso das cidades criativas, entre as quais podemos citar os exemplos de Paulínia e Paraty, assistimos à concretização de vocações em perfeito compasso com a realidade dos municípios. Sem falar no fato de que, ao possibilitar que as pessoas fiquem enraizadas em sua cultura, contribui-se para uma ocupação demográfica mais equilibrada, aliviando o inchaço das grandes cidades.

Queremos ver florescer outros exemplos tão positivos e animadores, exportar esse know-how para todas as regiões do país, beneficiar o segmento turístico, com soluções sob medida, que respeitem o potencial de cada local, traduzindo-o em serviços para públicos distintos. As prefeituras têm muito a aprender sobre o tema, que deveria fazer parte da agenda de todo administrador público moderno.

É reconfortante saber que os últimos anos foram férteis em iniciativas que conciliam o respeito ao meio ambiente e o progresso econômico. Se hoje falamos em ecodesign, sustentabilidade e preservação é porque nos esforçamos na busca de soluções e caminhos, capazes de nos fazer enxergar o mundo de uma forma mais humana e respeitosa com a natureza. Ainda há muito a trilhar, mas nada como avançar passo a passo, consolidando estratégias, mantendo o foco. Nas páginas desta publicação podemos aprender com as lições de homens e marcas nessa direção.

Agradeço à minha amiga Joice Joppert Leal, organizadora desta edição, com quem tive o prazer, em incontáveis ocasiões, de compartilhar iniciativas em prol do fomento do design nacional, pelo convite de fazer este prefácio. Isso me encheu de orgulho e de uma certa ansiedade para traduzir em poucas palavras a riqueza do material aqui apresentado.

Parabenizo o SENAI São Paulo e a sua recém-criada editora, pela iniciativa de dar suporte ao projeto, bem-vindo para todos nós que acreditamos em soluções cada vez mais criativas para um país fadado a ser próspero, promissor e democrático.

Nada melhor, caro leitor, do que mergulhar nos capítulos e ir descobrindo a rica tessitura apresentada, ora em artigos assinados, ora em textos de cunho informativo. ●

1

O DESIGN E A ECONOMIA CRIATIVA

DESIGN E A ECONOMIA CRIATIVA

JOICE JOPPERT LEAL

Nada me traz mais satisfação do que falar sobre a maturidade do design brasileiro, ao fomento do qual tenho me dedicado ao longo da vida, em instituições variadas e momentos históricos diferenciados.

JOICE
JOPPERT LEAL

Diretora-executiva da Associação Objeto Brasil e diretora do Instituto Brasil Criativo

Nos diversos artigos deste livro estão reunidas reflexões e iniciativas que evidenciam o bom momento da produção e do consumo de design em nosso país. Nas páginas a seguir, os leitores conhecerão cases emblemáticos, muitos deles nascidos sob o signo da ousadia e da inovação, e os principais desafios do design nesta Era regida pela busca de novos modelos de consumo e comportamento, em textos assinados por especialistas consagrados do mercado.

Por sua transdisciplinaridade, o design é hoje uma das principais vertentes da economia criativa, tema que conquista cada vez mais espaço nas agendas socioeconômicas das nações em todos os continentes, lançando um novo olhar sobre a produção e a oferta de bens, serviços e conhecimentos globais. Tendo a criatividade, o lastro cultural e o capital intelectual como matéria-prima básica, a economia criativa se desdobra em produtos tangíveis e intangíveis, em atividades artísticas, culturais, de comunicação, entretenimento e inovação, com valor econômico e penetração de mercado relevantes. As indústrias criativas englobam processos, produtos e serviços que, cada vez mais, se utilizam das novas tecnologias digitais para serem consumidos em larga escala.

De acordo com a Unctad (Conferência das Nações Unidas para Comércio e Desenvolvimento), os segmentos englobados por essa nova vertente são o design – gráfico, de produto e de interiores –, os serviços criativos – arquitetura e publicidade

FOTOS: ACERVO ASSOCIAÇÃO OBJETO BRASIL E DIVULGAÇÃO PREMIADOS IDEA/BRASIL

CAVALLUM
Produzida originalmente como um brinde corporativo, esta embalagem de vinho/champanha pode ser convertida em luminária de mesa. Premiado IDEA/Brasil 2009 – Categoria Eco Design.
Design: Tatiana Guimarães – Ciclus.
Cliente: Hera Holding – Espanha

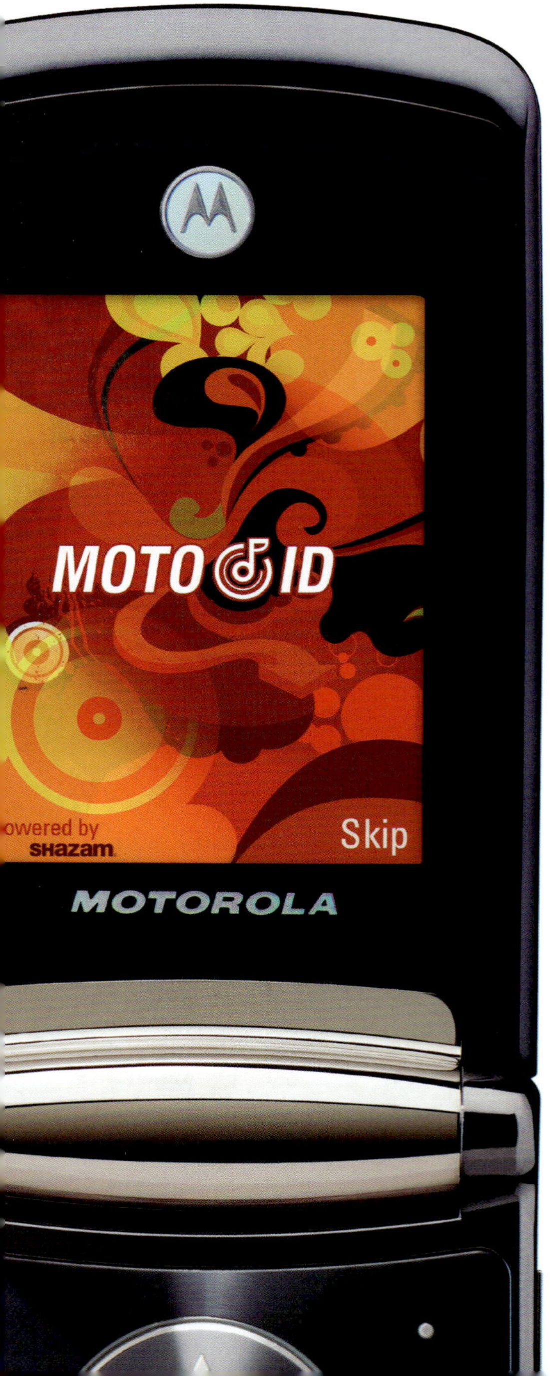

MOTO ID

Aplicativo de reconhecimento de música – Motorola. Premiado IDEA/Brasil 2008 – Categoria Design de Interface.

Design: Charles Bezerra, Mateus Barreto, Claire Goff, Aline Alves, Mariana Castro – CXDLatam Motorola – SP – Saulo Dourado, Karina Limongi – Cesar – Recife

NIKE HOLIDAY 2008

Projeto de visual merchandising destinado a dez lojas da marca Nike, em cinco estados brasileiros, com o objetivo de promover a interatividade do público jovem. Premiado IDEA/Brasil 2009 – Categoria Ambientes.

Design: José Junior, Maurício Medeiros, Rodrigo Lino, Guilherme Marconi – Art Office Design

–, as novas mídias – software, videogames e criações digitais –, as expressões culturais – artes tradicionais e artesanato –, os sítios culturais – museus, exposições e livrarias –, as artes visuais – pintura, escultura, fotografia e antiguidades –, a arte performática – música, teatro, circo e dança –, a mídia impressa – imprensa e publicações – e o audiovisual – cinema, rádio e TV. Paralelamente, a classe criativa é formada por profissionais da ciência e da engenharia, da arquitetura e do design, da educação, das artes, da música e do entretenimento, da economia, entre outros. Enfim, conforme afirma Richard Florida, um dos gurus da economia criativa, todos aqueles cuja presença gera dinamismo econômico, social e cultural, principalmente nas áreas urbanas, e que compartilham valores como individualidade, meritocracia, diversidade e abertura.

É reconfortante saber que a criatividade tem se tornado um importante diferencial no mundo moderno, capaz de equacionar soluções para novos e velhos problemas, e até de nos permitir olhar com mais esperança para o futuro. Como um dos elementos primordiais do design, a criatividade tem agregado valor e competitividade aos produtos e apoiado a consolidação da tão almejada identidade das marcas. Originalidade, qualidade, funcionalidade, usabilidade, durabilidade, custo-benefício – o design tem sido a resposta para todas essas demandas modernas, catalisando a formação de novos modelos de consumo. E, desde que a preocupação com a sustentabilidade foi incorporada ao dia a dia, o design tornou-se um elemento-chave na vida contemporânea.

CONFRATERNIZAÇÃO
A estratégia de divulgação do lançamento de uma agência de design gráfico pautou-se pelo desenvolvimento de uma coleção de garrafas reaproveitadas, com desenhos exclusivos feitos à mão. Premiado IDEA/Brasil 2009 – Categoria Estratégia de Design.
Design: Danilo Tranquilli – Lei It Grow

FOTOS: ACERVO ASSOCIAÇÃO OBJETO BRASIL E DIVULGAÇÃO PREMIADOS IDEA/BRASIL

EL CABRITON
A El Cabriton convidou um grupo de artistas brasileiros para – de forma totalmente livre e autoral – desenhar as 54 cartas de um baralho.
Projeto e curadoria: El Cabriton

Não é mais "pecado mortal" falar em lucro, sinônimo de competitividade, nem em geração de emprego e renda, ou muito menos em sustentabilidade social. Aliás, esse é o tripé essencial para o desenvolvimento do design. Ao fazer a ponte entre as necessidades ambientais e o desenvolvimento de novas tecnologias, o design traz soluções na forma de processos, produtos e serviços. Simplificando, reinventando, conectando, economizando. Nas próximas páginas, você encontrará bons exemplos disso e descobrirá como avançamos no campo do design ao longo das últimas décadas, conquistando espaço em múltiplos segmentos, desdobrando possibilidades que rimam com acessibilidade, qualidade de vida e saúde.

Boa leitura!

V065 – CELULAR PARA IDOSOS
Voltado para a terceira idade, este projeto associa as tecnologias disponíveis, aliando comunicação e monitoramento da saúde: uma pulseira conectada por bluetooth fornece dados sobre os sinais vitais do usuário, podendo acionar o serviço de emergência e a localização por GPS. Premiado IDEA/Brasil 2009 – Categoria Estudantes.
Design: Amaro Kanashiro, Nanci Utsumi, Ricardo Assi – Centro Universitário Belas Artes, SP

FOTOS: ACERVO ASSOCIAÇÃO OBJETO BRASIL E DIVULGAÇÃO PREMIADOS IDEA/BRASIL

VIA RIO
Projeto de Identidade Visual e Ambientação desenvolvido para o restaurante, a lanchonete e o quiosque da Rodoviária Novo Rio, um ícone no processo de revitalização da cidade do Rio de Janeiro. Premiado IDEA/Brasil 2011 – Categoria Estratégia de Design.
Design: Ana Paula de Sá Miranda, Bá Lisboa, Barbara Diniz, Christiano Chamusca, CJ Oliveira, Daylton Alneira, Fabio Fernandez, Fabiana Brito, Juliano Bortolin, Leandro Pierucci, Letícia Ceschini, Luiz Alexandre Lima Dantas, Marcia Tabajara, Marcos Archer e Valéria Araujo – Dia Comunicação

LIVRARIA CULTURA
Projeto da megastore da Livraria Cultura, no Conjunto Nacional, São Paulo, que envolveu, entre outros desafios, a integração da livraria ao espaço tombado do prédio do Conjunto Nacional, construído na década de 1950. Premiado IDEA/Brasil 2008 – Categoria Ambiente.
Design: Fernando Brandão – Arquitetura

ECONOMIA CRIATIVA E A COPA DO MUNDO

LUIZ BARRETTO

O brasileiro é um povo criativo por natureza. É uma das nossas características mais marcantes e reconhecidas no mundo todo, como são o Carnaval e a publicidade, apenas para citar alguns exemplos.

LUIZ BARRETTO
Presidente
do Sebrae

Mas ser criativo não basta. É preciso transformar e energia e as boas ideias em negócios viáveis e lucrativos. Essa é a base da economia criativa, que ganha força no mundo todo e tem tudo para ter no Brasil uma de suas referências.

Há muitas oportunidades por explorar, em especial nesse momento singular da economia brasileira. Temos um mercado consumidor de quase 100 milhões de pessoas, sendo que 40 milhões de brasileiros e brasileiras chegaram recentemente à classe média. Com a ascensão social, passaram a ter acesso a produtos e serviços que antes não faziam parte da sua rotina, entre eles o acesso à cultura e entretenimento. E isso representa um enorme impulso à economia criativa.

Para se ter ideia da importância da economia criativa, segundo estatísticas da Federação das Indústrias do Estado do Rio de Janeiro (Firjan), o setor é responsável por 2,84% do PIB, o que representa R$ 104 bilhões, de acordo com dados do IBGE. Em números globais, o segmento movimenta US$ 8 trilhões a cada ano, equivalente a cerca de 8% a 10% do PIB mundial. E de acordo com o Ministério do Trabalho e Emprego, 8,5% do emprego formal no Brasil é dos chamados segmentos criativos. A média salarial é 44% maior que dos outros setores: R$ 2,2 mil.

LINNA ARMCHAIR
O produto revisita elementos históricos, por meio de um projeto ergonômico e elegante. Premiado IDEA/Brasil 2010 – Categoria: Casa.
Design: Jader Almeida – Jadedr Almeida Design & Architeture

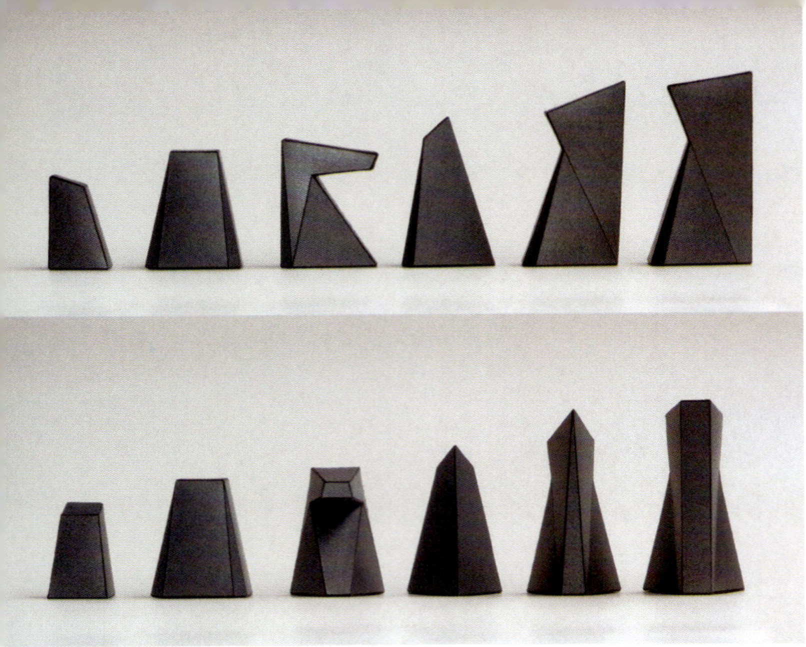

SPECTRUM
Spectrum é um jogo de xadrez feito em papel e voltado para o campo educacional, no qual o usuário é o responsável pela montagem das peças, associando entretenimento e lazer aos seus benefícios didáticos. Prêmio IDEA/Brasil 2012 – Categoria: Lazer e Recreação – Detaque: Pequenas Empresas 2012.
Design: João Paulo Nogueira Braga

CAVALINHO GIOCO
A peça faz uma releitura minimalista do tradicional cavalinho de balanço, aliando ergonomia e segurança. Prêmio IDEA/Brasil 2010 – Categoria: Casa – Detaque: Pequenas Empresas 2010.
Design: Zanini de Zanine

Nos próximos anos, a importância da economia criativa como oportunidade de negócios deverá se intensificar ainda mais, com a realização de eventos de envergadura mundial em nosso País: a Copa do Mundo de Futebol da FIFA em 12 cidades do País e os Jogos Olímpicos no Rio de Janeiro. Por isso, desde o anúncio desses eventos esportivos, estamos empenhados em trabalhar pela valorização do produto cultural brasileiro e viabilizar sua inserção no mercado consumidor.

Moda, artesanato, entretenimento, entre tantas outras atividades, necessitam de capacitação para uma gestão profissionalizada dos empreendedores, fortemente orientada para a inovação constante e a sustentabilidade. E o design é um tema transversal em todas as áreas da economia criativa, ao transmitir a identidade regional e agregar valor ao produto. Por isso é tão importante investir no design para que ele seja cada vez mais uma ferramenta de inovação, de geração de negócios e de acesso a novos mercados.

É preciso pensar que oportunidades como a dos grandes eventos esportivos mobilizam o foco para o design de produtos, peças e objetos - relacionados à temática esportiva e também à cultura do povo brasileiro - que estará destacada especialmente durante os jogos e competições mun-

diais. Será a hora de mostrar excelência na apresentação da produção nacional, com embalagens e vitrines criativas e sustentáveis, que traduzam de fato a inventividade do empreendedor brasileiro.

Além disso, as inúmeras publicações, cujo surgimento se intensifica com a proximidade da Copa e das Olimpíadas, abrem perspectivas de negócios para um número maior de profissionais da área de editoração eletrônica. É preciso atender à demanda de um sem número de folders, filipetas, cartilhas, livretos. Sai na frente quem se qualificar primeiro.

A Copa e as Olimpíadas são momentos cruciais para disseminar o melhor da cultura brasileira ao mundo todo e, além disso, são oportunidades de, em poucos anos, avançar muito na competitividade das micro e pequenas empresas, que são 99% de todas as empresas brasileiras. Os olhos

BIOMBO 30=80
Projeto em madeira certificada em que o design, além de garantir a elegância do produto, otimiza o uso de matéria-prima, as diferentes etapas de sua cadeia produtiva e também o transporte e a instalação final.
Prêmio IDEA/Brasil 2011 – Categoria: Casa – Detaque: Pequenas Empresas 2011.
Design:Mariana Quinelato e Oswaldo Mellone – Mellone & Associados

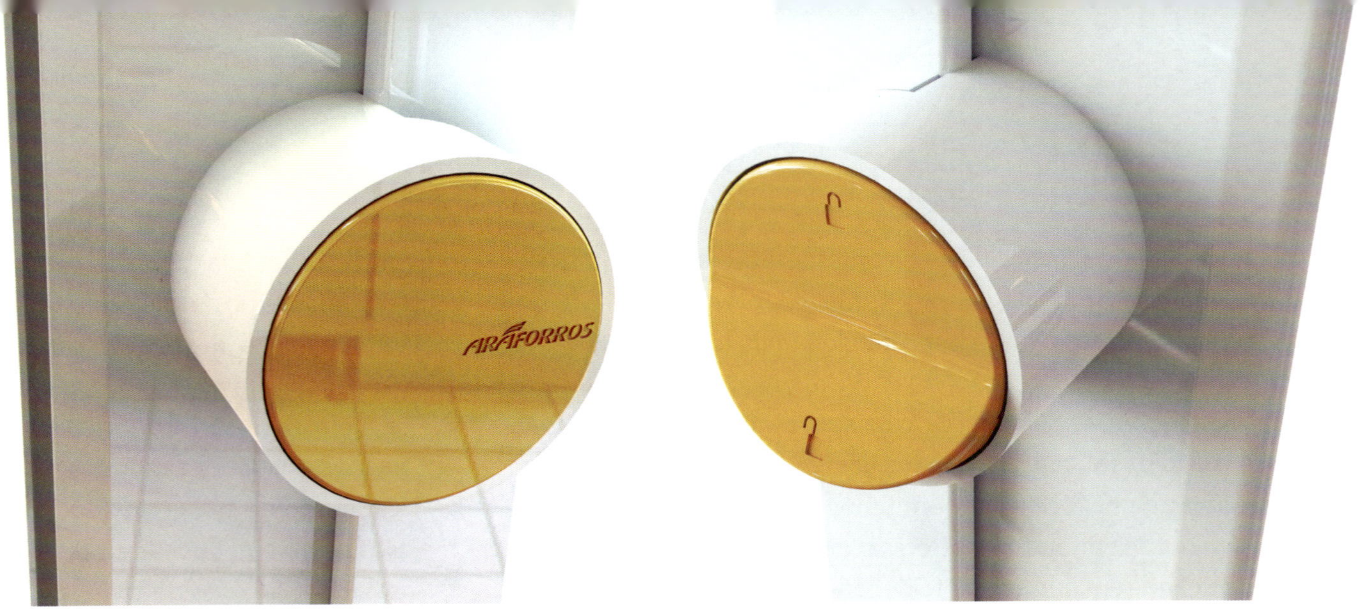

MAÇANETA EASYLOCK
Sistema de fechamento para portas sanfonadas. Premiado IDEA/Brasil 2010 – Categoria: Casa.
Design: Leonardo Cardoso Massarelli – Questto|Nó

do planeta estarão voltados ao Brasil e temos de estar preparados para canalizar a criatividade e gerar produtos que atendam a demanda de um mercado consumidor que a cada dia se torna mais global, informado e exigente.

No esporte, assim como nos negócios, a estratégia é fundamental para vencer. E qualquer empresa com visão de futuro deve necessariamente incluir o design na sua estratégia de desenvolvimento. ●

USINA KOMPAKT
Mobilidade e uso racional do espaço foram os conceitos-chave utilizados no desenvolvimento desta "usina de asfalto sobre rodas". O produto revoluciona o segmento, ao compactar todos os componentes, garantindo mobilidade de acordo com o ritmo da construção. Prêmio IDEA/Brasil 2009 – Categoria: Casa – Detaque: Pequenas Empresas 2009.
Design: Juliano Gheno, Tobias Bertussi – Bertussi Design

CHICO BARROS

RIO + DESIGN
Exposição durante o Rio + Design.

FOTOS: PAULA ACOSTA

BRASIL
CRIATIVO
HÉCLITON SANTINI HENRIQUES

Entendemos a indústria criativa como uma das mais perfeitas formas de traduzir os anseios emergentes do século XXI, por basear-se, fundamentalmente, nas atividades cerebrais e sensoriais, objetivando a liberdade, o lazer, a emoção, o sentimento e a experiência de interatividade.

HÉCLITON SANTINI HENRIQUES
Presidente do IBGM e Diretor do Instituto Brasil Criativo

Tais atividades são a matéria-prima da dream society, termo criado por Rolf Jensen no livro The Dream Society (1999). Iniciamos uma Era na qual os produtos devem ter uma "história", baseada em heranças culturais, imagens, mitos e estilo de vida. O sentimento e a emoção passam a ser parte fundamental dos novos valores na sociedade e criam novos mercados. Hoje, o sucesso das marcas se baseia em caminhos construídos com base em uma identidade consistente, incorporando o respeito ao ambiente, aos direitos humanos, à ética e à justiça social.

Para atuar de forma sistêmica e objetiva, contribuindo para o desenvolvimento dessa importante área em nosso país, nasceu, em 2011, o Instituto Brasil de Economia Criativa, ou simplesmente Brasil Criativo. Ele é fruto da união de um grupo inicial de 16 pessoas – administradores, engenheiros, designers, arquitetos, jornalistas, sociólogos e economistas – com larga experiência na iniciativa privada, no governo, na academia e em associações de classe.

Como uma organização não governamental, de abrangência nacional, nosso propósito é apoiar iniciativas que resultem em novas oportunidades de negócio para os indivíduos e as comunidades, baseadas em novas ideias e valores culturais, transformando o intangível em projetos autossustentáveis. As iniciativas que apoiamos baseiam-se nos valores da responsabilidade social, desenvolvidas de forma integrada, mediante trabalho em rede, em parcerias com entidades públicas e privadas, nacionais e internacionais.

Nossa missão consiste em promover a convergência entre a cultura, o conhecimento científico-tecnológico e a criatividade individual e coletiva, com vistas à geração de emprego, renda e riqueza social. Como consequência, esperamos estimular a geração de oportunidades para profissionais atuarem nas indústrias culturais e criativas, visando ao desenvolvimento socioeconômico de comunidades, cidades e regiões.

ESCULTURA TATU
Antonio Carlos Bech – Oficina de Agosto

ACERVO ASSOCIAÇÃO OBJETO BRASIL E DIVULGAÇÃO PREMIADOS IDEA/BRASIL

REFRIGERADOR I-KITCHEN DT80X
A interface gráfica do I-Kitchen é interativa, apresenta tecnologia touch screen e seu display em LCD ativa funções e aplicativos, que permitem uma versão contemporânea para usos tradicionais associados ao refrigerado. Premiado IDEA/Brasil 2011 – Categoria Design de Interface.
Design: Industrial Design Center Latin America – Electrolux do Brasil

POLTRONA ARRAIA
Combina o aço inox da estrutura com o trançado natural da fibra de malaca, inserida por meio de processo artesanal. Premiado IDEA/Brasil 2012 – Categoria Sala de Estar & Quarto.
Design: Felipe Bicudo e Guto Índio da Costa

FOTOS: ACERVO ASSOCIAÇÃO OBJETO BRASIL E DIVULGAÇÃO PREMIADOS IDEA/BRASIL

Assim, o Instituto Brasil Criativo pesquisará, testará e implantará novos modelos e sistemas produtivos comprometidos com a criatividade e a incorporação permanente de inovações tecnológicas, de mercado e organizacionais. Promoverá o treinamento e a conscientização de profissionais em projetos da indústria cultural e da economia criativa, divulgando conhecimentos existentes e criando novas fronteiras de conhecimento na área.

Podemos dizer, com segurança, que a indústria criativa, cujo principal ingrediente é o capital intelectual, por sua vez compreendido em quatro grandes grupos – herança cultural, artes, mídia e criações funcionais –, tem, crescentemente, impactado a economia e o mercado de trabalho. Ressal-

OCTÁVIO CAFÉ
Projeto que utiliza diferentes materiais e convida o consumidor a explorar os sentidos. Premiado IDEA/Brasil 2008 – Categoria Ambientes.
Design: Alfredo Farné, Carla Calabria Gouveia, Ivana Coelho Miranda, Talita Gollub Yang, Mariana Ulhôa Cintra Araújo – Seragini Farné Guardado Design. Cliente: Organizações Sol Panamby

te-se que, em muitos casos, ela tem criado oportunidades em substituição à perda de dinamismo das indústrias tradicionais, dando novo alento às comunidades e pessoas.

Bons exemplos disso são: nos Estados Unidos, a participação da economia criativa atinge cerca de um terço do número de trabalhadores e responde por metade da massa salarial. Em Londres, fica atrás apenas dos serviços financeiros, respondendo por 25% da força de trabalho. Na Dinamarca, as atividades culturais correspondem a 12% do PIB (produto interno bruto).

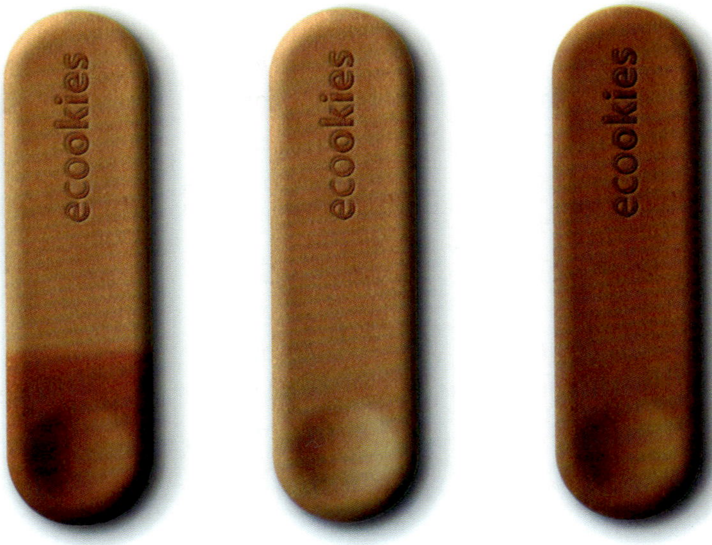

ECOOKIE
O Projeto Ecookie foi idealizado com objetivo de evitar o desperdício gerado pelo descarte de palitos e colheres plásticas. Premiado IDEA/ Brasil 2011 – Categoria Comerciais & Industriais.
Design: Rodrigo Maia e Victor Lopes Mascarenhas

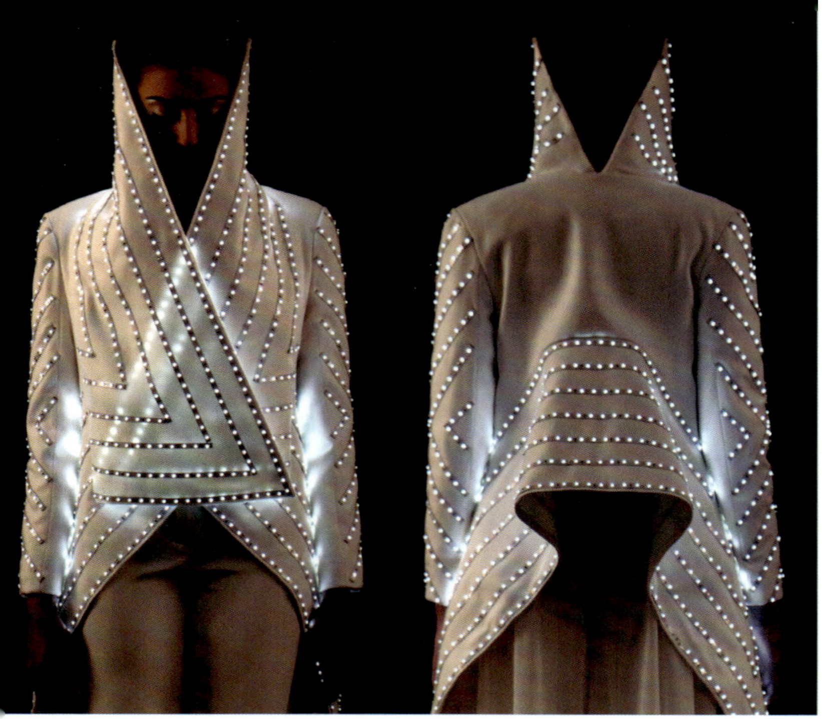

TECNOLOGIA DA MODA
Como Aplicar LED em Roupa. A pesquisa, a tecnologia e o conhecimento empregados na criação de peças inéditas no Brasil de vestuários com LEDs iluminado. Premiado IDEA/Brasil 2012 – Categoria Estudante.
Design: Maria Beatriz e Guido Micai

BANCO PEOPLE
A multidão em movimento, o vaivém da cidade: este é o conceito do Banco People, que, por meio de uma construção lúdica e bem-humorada, expressa a diversidade humana presente na paisagem urbana. Premiado IDEA/Brasil 2011.
Design: João Manoel Santos, João Rocha Raposo, José Antônio Ramos Júnior, Marcelo Figueiredo, Patrícia Neves, Roberta Loiola, Rosinaldo Braga, Sando Silva e Waldeilson Paixão – Quadrante Design

A cidade de Viena, na Áustria, tem na economia criativa seu terceiro mais importante fator de desenvolvimento econômico. Em Buenos Aires, a estimativa é que ela responda por 9% do PIB e 10% do número de empregos. No Brasil, os profissionais ligados à economia criativa recebem remuneração 42% maior do que os de outros segmentos. Só no Rio de Janeiro a estimativa é que esse segmento da economia seja responsável por significativos 23% da força de trabalho. Além disso, é notório que cidades criativas, como Paris, Londres, Barcelona, Xangai, Dubai, Abu Dhabi e Montreal, têm dado exemplos ao mundo de como reinventar a dinâmica urbana.

Portanto, vemos com bons olhos o aumento no Brasil de mecanismos para estimular a economia criativa, com presença em diversas federações do comércio e da indústria, entidades civis, prefeituras e em alguns governos estaduais. A criação, no MinC (Ministério da Cultura), da SEC (Secretaria da Economia

FOTOS: ACERVO ASSOCIAÇÃO OBJETO BRASIL E DIVULGAÇÃO PREMIADOS IDEA/BRASIL

Criativa), em 2011, demonstrou o interesse do governo federal em coordenar ações de fomento nessa área. Outras entidades nacionais, como o Sebrae (Serviço de Apoio às Micro e Pequenas Empresas) e a Apex-Brasil (Agência Brasileira de Promoção de Esportações e Investimentos), criaram áreas destinadas ao fomento da economia criativa, com atuação setorial.

Tanto aqui como em outros países da América Latina, o foco inicial da economia criativa tem recaído sobre os aspectos culturais, buscando agregar valor econômico, gerar renda e emprego, inclusão social e sustentabilidade. Aos poucos, outras áreas têm sido contempladas, como o design, a moda e a inovação urbana, com a implementação de políticas públicas específicas.

Dessa forma, temos a satisfação de ver conceitos como empreendedorismo, talento, diversidade cultural e social, tolerância e inovação passarem a integrar o vocabulário de uma nova e promissora Era, em que capital criativo, qualidade de vida e competitividade estão interligados.

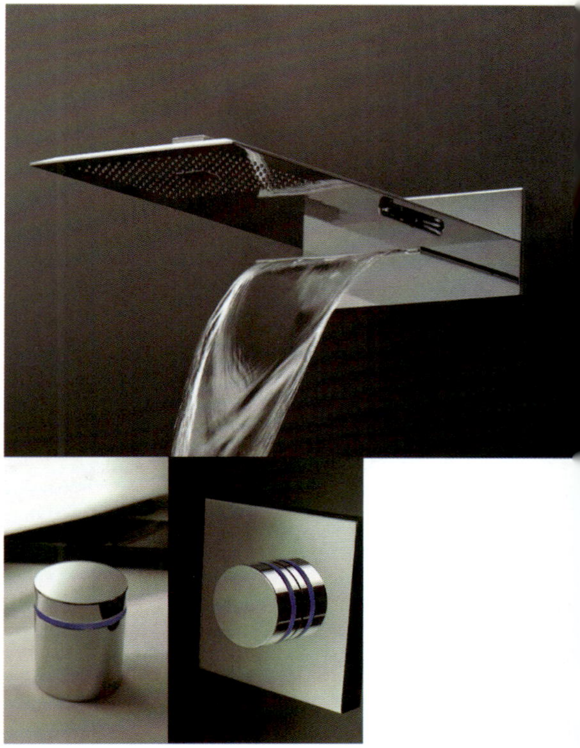

CHUVEIRO TWIN SPA
Chuveiro Twin Spa com controle eletrônico para temperatura. Chuveiro duplo, cujo jato se assemelha a um banho de cachoeira, com controle de mistura de água por meio de nova tecnologia: monocomando, que regula a vazão e a temperatura da água de forma fácil, com um anel iluminado por LEDs que mudam de tom, passando do azul para o vermelho, conforme a temperatura da água passa de fria para quente. Premiado IDEA/Brasil 2012 – Categoria Banheiros, Spas & Bem-Estar.
Design: Ana Lúcia de Lima Pontes Orlovitz, Eduardo Egidio Seabra e Ruy Botti Cartolano Jr.

ESTAÇÃO DA LEITURA
É parte de um sistema que permite que as pessoas peguem emprestados os livros de estações localizadas em parques, terminais de ônibus e metrô e que possam devolvê-los em outros pontos da cidade. Produto voltado para o desenvolvimento social por meio da literatura, combinada com funcionalidade e design. Premiado IDEA/Brasil 2012 – Categoria Design de Impacto Social.
Design: Rebeca Apelbaum – KOMM

A EVOLUÇÃO DO DESIGN "MADE IN" BRASIL

LINCOLN SERAGINI

É visível a evolução do design "made in" Brasil na última década. Estamos vencendo a cultura da cópia e usando, cada vez mais e nos mais diversos segmentos, o design como diferencial competitivo.

LINCOLN SERAGINI
Presidente da Seragini Design Innovation e diretor do Instituto Brasil Criativo

Desde 1995, quando a então ministra da Indústria e Comércio Dorothea Werneck lançou o PBD (Programa Brasileiro de Design), na gestão FHC, iniciou-se um movimento de transformação e conscientização da importância do design como valor estratégico. Só o Sebrae implementou na sequência 90 núcleos de design, e Senai e Senac começaram a oferecer cursos e programas na área. Nos últimos 15 anos, o design brasileiro evoluiu e mudou o seu status tanto no mercado interno como no exterior, passando a ser reconhecido por seus criadores de projetos e produtos originais.

Desde a primeira escola de design, a legendária Esdi/UERJ, fundada em 1960, temos hoje cerca de 400 cursos nas diversas áreas, com mais de 40 mil alunos matriculados. Apesar de a maioria das pessoas associar design à criação de produtos industriais, o espectro é muito maior: design de produto, design de moda, design gráfico, web design, de-

SPECTRUM
Desenvolvido experimentalmente de forma autônoma e conceitual, o Projeto Spectrum foi pautado na ruptura da tradição da madeira como matéria-prima das peças de xadrez. Premiado IDEA/Brasil 2012 – Categoria Lazer & Recreação.
Design: João Paulo Nogueira Braga

LENDAS GAÚCHAS
Desenvolvimento da identidade visual, família de ícones e da linha de produtos, destinados à promoção das lendas do Rio Grande do Sul, voltada ao público infantil e adulto. Premiado IDEA/ Brasil 2012 – Categoria Estudantes.
Design: Rafael Wagner Poloni, Eric Pautz and Grazielle Bruscato Portella – UFRGS

FOTOS: ACERVO ASSOCIAÇÃO OBJETO BRASIL E DIVULGAÇÃO PREMIADOS IDEA/BRASIL

NUCLEÁRIO
Conceito da geoengenharia de restauração florestal em áreas degradadas, baseado nas teorias aplicadas na sucessão natural e técnicas de nucleação. Premiado IDEA/Brasil 2012 – Categoria Estudantes.
Design: Bruno Pagnoncelli – PUC – Rio

sign interativo, design de interiores, design de embalagem, design de serviços, design de móveis, design de joias, design de cerâmica, ecodesign, design urbano, design de games...

Um universo amplo de atividades, reunidas pelas metodologias de solução criativa desse meio.

Em áreas sofisticadas como moda, automóveis, joias, móveis e design gráfico de marcas, estamos criando a nossa cara e atingindo o padrão de excelência mundial. O design das marcas das Olimpíadas e Paraolimpíadas são exemplos para o mundo. As semanas de moda de São Paulo e Rio de Janeiro entraram definitivamente no calendário global. Muitos designers brasileiros fazem parte da elite de criação do design de automóveis das grandes marcas mundiais, e as multinacionais instaladas aqui estão criando modelos totalmente brasileiros.

APARADOR DUMONT
A peça alia sustentabilidade, robustez e leveza, para compor ambientes corporativos inovadores. O conceito criativo busca equiparar-se às aeronaves na combinação de materiais pesados e leveza de voar. Premiado IDEA/Brasil 2012 – Categoria Escritório.
Design: Ronaldo Duschenes e Dari Beck – Estúdio Flexiv de Design

O Brasil é hoje o maior vencedor dos principais prêmios de criação de joias do mundo. Por meio da Abedesign (Associação Brasileira das Empresas de Design), o design brasileiro marca presença desde 2010 no Festival de Cannes, projetando a nossa força para o mundo. Desde a última década, participamos e vencemos vários prêmios internacionais, notadamente o IF da Alemanha e o Idea da IDSA (Industrial Design Society of America). Nos últimos anos, este último implementou, de forma inédita, um capítulo importante no Brasil; em sua quinta edição, teve quase 500 candidatos.

O próprio design tem evoluído do projeto para a gestão estratégica, e agora para a gestão de inovação. Essa evolução começou com o conceito do design innovation, no qual mais do que dar respostas estéticas e funcionais definidas por quem demandava os projetos, os designers passaram a tomar a iniciativa de propor novas soluções. No degrau seguinte, surgiu o design thinking, em que o design – ou melhor, o pensamento do design – está liderando o processo de inovação em vários campos, não só o empresarial ou de produtos, mas em projetos de educação, saúde, serviços públicos, abastecimento de água e ação social.

Com o fortalecimento da economia criativa no Brasil, o design passa a desempenhar um papel ainda mais relevante, uma vez que está presente na maioria de suas áreas. Isso significa que ele não só chegou longe, mas será, cada vez mais, um importante protagonista de nossa evolução cultural e corporativa.

CEARÁoriginal
PROGRAMA DO ARTESANATO CEARENSE

MARCA DO PROGRAMA DE ARTESANATO CEARENSE
A criação pautou-se em fatores fundamentais e marcantes do estado: praia, serra e sertão. Na esteira de percepções levou-se em conta o fato de o estado ter a rede como um dos objetos artesanais mais representativos, e a jangada, ali representada, por meio de forma orgânica inflada pela brisa do litoral. Premiado IDEA/Brasil 2012 – Categoria Estratégia e Gerenciamento de Design.
Design: Tadashi Sawaki, Waleska Vianna, Marcelo Vasconcellos e Bruno Nogueira – Eita lltda pelo Sebrae-CE

LIXEIRA DE PRAIA
Novo conceito de coleta seletiva, criado com o objetivo de atender melhor às demandas da cidade do Rio de Janeiro e cujo sistema de separação torna mais fácil e com maior aproveitamento a recolecção da matéria-prima para o uso na indústria. Premiado IDEA/Brasil 2012 – Categoria Estudantes.
Design: Augusto Ribeiro, Daniel Araujo e Daniel Lole – UFRJ

CAMINHÕES AGRALE

O projeto trouxe uma série de inovações para o produto, como a utilização de uma cabine comum para toda a linha, apenas com a mudança de itens que permitem a adequação aos diversos portes de caminhões, de leves a médios. Além disso, houve incremento significativo na utilização de materiais recicláveis e o cumprimento de leis de controle de emissões graves. Premiado IDEA/Brasil 2012 – Categoria Automóveis – Exterior e Interior.

Design: Aloysio Coelho, Daniel Turiani, Fellipe Maffezzolli, Levi Girardi, Marcelo Valença, Mauricio Freitas, Rodrigo Ciossani, Sharley Oliveira – Questto|Nó (Brasil); Eliana Bertola, Gisele Leiva, Luiz Alves, Rafael Del'Agnolo Roberta Baggio – consultores (Brasil)

LINHA BRASTEMP RETRÔ

Geladeira frost free e fogão quatro bocas, com elementos inspirados na estética dos anos 1950 e 1960. Premiado IDEA/Brasil 2012 – Categoria Cozinha.

Design: Equipe de Design Industrial da Whirpool Latin America

O.BOX.

Solução para empresas que desejam expandir ou criar negócios, por meio de pontos de venda ou atendimento. Sua construção na forma de uma loja portátil oferece mobilidade e praticidade na instalação em qualquer local de superfície plana e ponto de energia elétrica. Premiado IDEA/Brasil 2012 – Categoria Ambientes.

Design: MVC Soluções em Plásticos e G11 Engenharia

GIG PACK
Meio de transporte alternativo, ecológico e focado na facilidade de carregamento do equipamento: após o uso, Gig Pack pode ser carregado nas costas, permitindo que o usuário tenha as mãos livres. Premiado IDEA/Brasil 2012 – Categoria Estudantes.
Design: Gustavo Brenck – Fumec

BLU
Instrumento musical para crianças que reinventa o conceito de teclas em um produto modular altamente versátil. Cada tecla é uma peça móvel. Pelo posicionamento, o usuário determina tom e tempo das notas. Premiado IDEA/Brasil 2012 – Categoria Estudantes.
Design: Eric Pautz – UFRGS

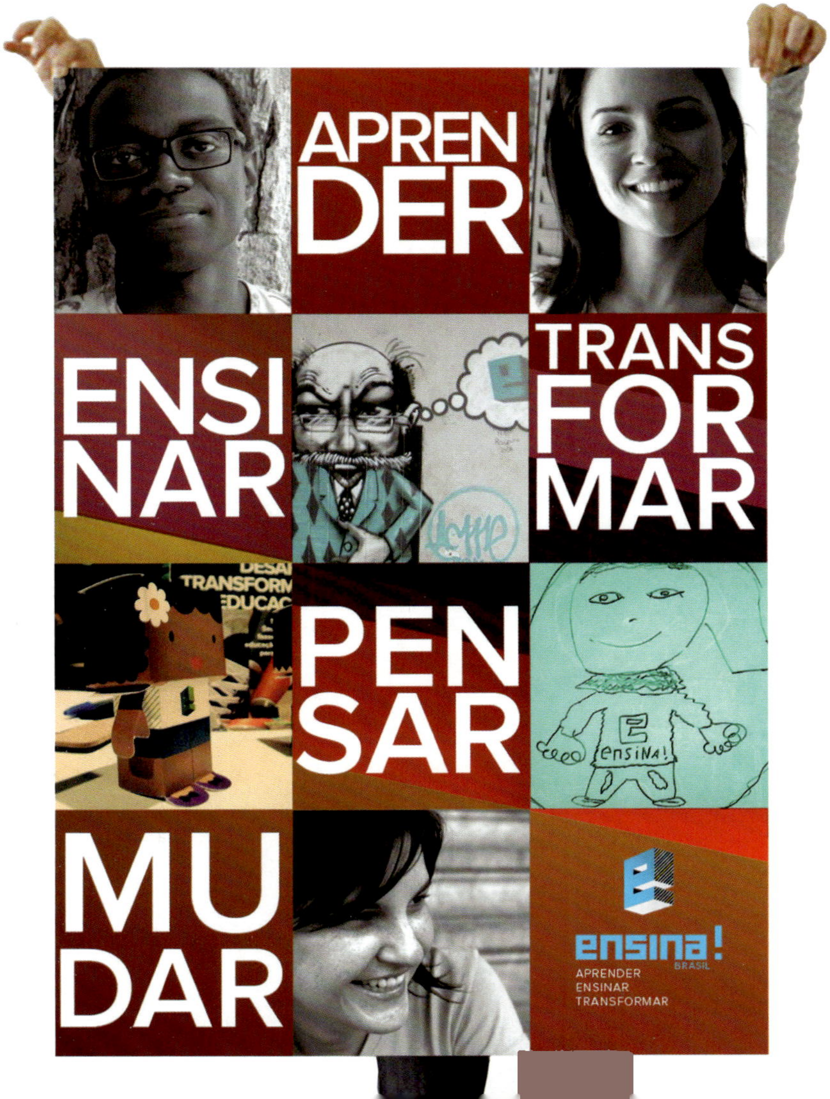

CRIAÇÃO ENSINA BRASIL
Marca e identidade visual criadas para a organização social Ensina Brasil, um projeto brasileiro reconhecido e respeitado. O objetivo era criar uma identidade viva, descontraída, com multiplicidade de cores e com base nos valores da marca, como ferramenta para a mobilização da sociedade civil e da imprensa. Premiado IDEA/Brasil 2012 – Categoria Design de Impacto Social e Estratégia de Design.
Design: Ricardo Leite, Paula Damazio, Simone Lagares, Luciara Rocha Gomes e Priscila Zamponi – Crama Design Estratégico e Comunicação Ltda.

2

MARCOS DO DESIGN BRASILEIRO

TRAJETÓRIAS DO DESIGN, DO BRASIL E DO MUNDO

O design descende de uma das mais elementares práticas do homem: a invenção de artefatos para solucionar problemas de sua rotina.

A atividade do design está relacionada ao esforço contínuo de aprimoramento de tecnologias e é emblemática de como o homem evoluiu, geração após geração, junto com sua cultura material, até chegar ao mundo complexo de hoje. Nessa trajetória de milhares de anos, à medida que as formas de organização da humanidade atingiam novos paradigmas, capacitavam-no a gerar novos ciclos de inovação. E, algumas vezes, ao contrário, uma inovação – ou um conjunto delas – é que permitiria o avanço sistemático da sociedade. De uma forma ou de outra, é inequívoco dizer que o design é sempre um produto de seu tempo.

A Revolução Industrial, a partir do século XVIII, foi determinante para gerar o fenômeno do consumo de massa, que mudou o mundo em termos econômicos, sociais e culturais.

O design, relacionado à produção em série, pode ser visto como um campo profissional a partir desse marco histórico e, desde então, está intimamente ligado à trajetória tecnológica e mercadológica da indústria. Em termos geopolíticos, a Revolução Industrial permitiu que a dependência entre nações e a influência dos padrões de consumo dos países centrais sobre os periféricos se consolidasse, inclusive com ostensivas barreiras à industrialização dos últimos, para evitar sua concorrência.

Em nosso país, como em muitos outros, o resultado desse processo foi uma grande defasagem industrial e a perpetuação de uma cultura copista de modelos importados, o que não impediu o surgimento de expressões importantes nas mais diversas áreas do design brasileiro, mas gerou entraves que ainda se desdobram nos dias de hoje. Foi longo o caminho para serem consolidadas no design as manifestações da diversidade cultural brasileira – dado preponderante de nossa identidade – e os potenciais expressivos que ela está apta a nos oferecer, o que só recentemente vem sendo revertido.

Boa parte dos autores que tratam o tema situa o surgimento do design propriamente dito no país entre as décadas de 1950 e 1960, quando houve um grande estímulo à industrialização no Brasil. Em contrapartida, o pesquisador Rafael Cardoso, organizador do livro *O design brasileiro antes do design*, revela a existência, em um período que remonta ao fim do século anterior, de um cenário com “enorme riqueza de soluções, com um histórico de atividades projetuais com alto grau de complexidade conceitual, sofisticação tecnológica, valor econômico aplicados a fabricação, distribuição e consumo de produtos industriais”. E nota, nesse contexto de uma indústria embrionária,

MESA JOHN GRAZ
Produzida por Móveis Teperman.
Design: John Graz

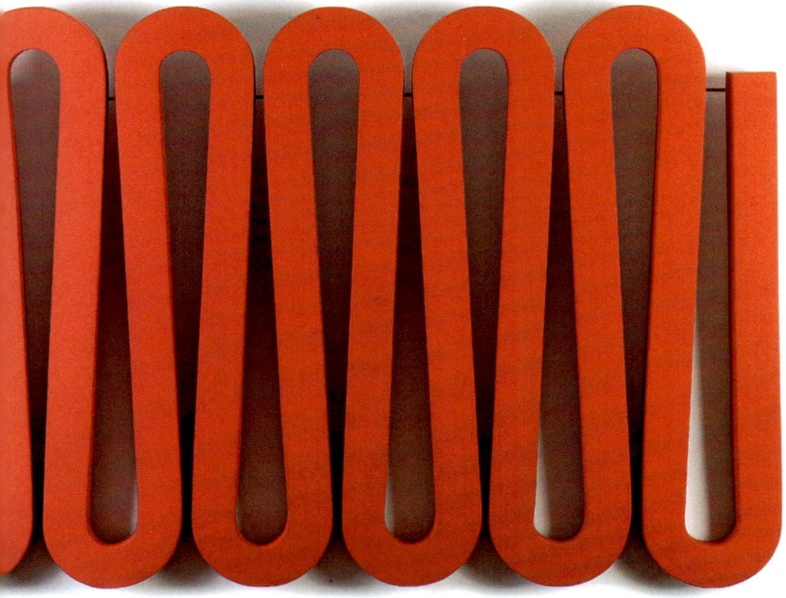

ESCULTURA SÉRIE FITA
Design: Joaquim Tenreiro

em grande medida baseada na iniciativa de grupos imigrantes recém-chegados, que as soluções derivavam de matrizes estrangeiras variadas, permitindo o surgimento de soluções locais no que diz respeito ao design dos produtos e à comunicação visual.

O primeiro marco emblemático do nosso design é o móvel moderno. Ainda nas décadas de 1920 e 1930, em um movimento incipiente, artistas de formações variadas como Mário de Andrade, Gregori Warchavchik, Lasar Segall e Flávio de Carvalho desenharam móveis, entre as inúmeras experiências artísticas e construtivas em que buscavam expressar os conceitos do movimento modernista. Nas décadas seguintes, o mobiliário brasileiro passou a ter como principal inspiração o alinhamento estético com os projetos de arquitetura moderna que davam notoriedade ao Brasil, inserindo-o no mapa mundial da criatividade, e, seguindo essa trajetória, a produção de designers como Joaquim Tenreiro, Sergio Rodrigues, Zanine Caldas, Lina Bo Bardi, Geraldo de Barros, entre vários nomes importantes do período, consagrou-se no mercado internacional pela expressão coletiva de uma identidade singular, com forte viés autoral. São, hoje, os nossos clássicos. Com a grande demanda de mobiliário moderno a partir dos anos 1950, fábricas de móveis tradicionais, como a Teperman, fundada em 1912 e ainda hoje em funcionamento, passaram a investir decisivamente em design, juntando-se a novos empreendimentos como a Branco & Preto e a Mobília Contemporânea, que foi pioneira na fabricação de móveis modulados, destinados à classe média.

SÍMBOLOS
Unibanco e Banco Nacional.
Design: Aloísio Magalhães

O ideário modernista enxergava o Brasil como o país do futuro, vislumbrando um novo status quo que lhe permitisse participar ativamente do sistema econômico mundial forjado após a Segunda Guerra Mundial. O caminho estava traçado, com um ciclo acelerado de crescimento, urbanização e industrialização. Eram os "50 anos em 5", de JK, e depois o "milagre econômico", dos militares. Nesse período, o design passou a ser percebido como uma profissão, ganhando espaço no mercado e passando a contar com as primeiras iniciativas de ensino formal da atividade. A influência das escolas alemãs de Bauhaus e Ulm, berços do design moderno, que preconizavam a racionalidade e a clareza formal, foi a principal matriz do design brasileiro nessa fase fundamental e ainda rudimentar de sua consolidação. A Esdi (Escola Superior de Desenho Industrial), inaugurada em 1963, no Rio de Janeiro, e uma das principais faculdades de design do país ainda hoje, é um ícone da mentalidade da época. Com um time de professores ilustres, sua proposta de ensino estava ancorada nos ideais formalistas.

Entre os fundadores da Esdi estavam Alexandre Wollner, que chegou a estudar em Ulm, e Aloísio Magalhães – figuras basilares do design de marcas no Brasil, ao lado de Ruben Martins e do escritório Cauduro Martino, com uma série de logos emblemáticos de nossa história e ainda hoje em uso. Fundado em 1964, pouco depois da atividade dos demais, Cauduro Martino inovou ao tratar o tema com o conceito de "identidade total", que concentrava no escritório as atividades de aplicação da marca em meios diversos, apoiando de forma considerável a demarcação dos espaços de atuação do design na comunicação corporativa brasileira.

Outra influência notável sobre o design brasileiro nas décadas seguintes ao pós-guerra, período de consolidação da sociedade de consumo, foi a presença massiva de grandes marcas norte-americanas e europeias preenchendo nossas prateleiras com seus produtos, que, junto com a cultura pop e as expressões da contracultura, passaram a ser referências estéticas e simbólicas relevantes para os brasileiros, eternizando a iconografia do american way of life em nossas retinas. O design editorial e as artes de publicidade, por exemplo, estavam fortemente alinhados com o que era praticado nos Estados Unidos na mesma época.

No segmento moda, a criação da Fenit (Feira Internacional da Indústria Têxtil), em 1958, e a força que ganhou ao longo dos anos 1960 são reflexos da conjuntura de incremento produtivo e do amadurecimento da cadeia especí-

CADEIRA TOR
Design: Michel Arnoult

fica do setor, gerando atenção para o trabalho criativo dos estilistas. O evento conjugava interesses dos produtores de matéria-prima, maquinário e vestuário e teve grande importância para a moda brasileira, com desfiles e prêmios que eram acompanhados vividamente pela opinião pública. As primeiras revistas dirigidas ao tema surgiram na época. Abria-se espaço para o assunto nos principais veículos de mídia e o Brasil passou a contar com nomes de referência na alta-costura, como Dener, Clodovil, José Ronaldo e Nazareth, apesar de suas criações se pautarem, ainda, em grande medida, pela influência das coleções europeias.

BRASÍLIA
Volkswagen – 1981
Cedoc/Anfavea.

POLTRONA MOLE
Design: Sérgio Rodrigues

Nos anos 1970, o fortalecimento da indústria e o fechamento do mercado para importações permitiram que o design industrial de produtos ganhasse algum dinamismo no país, conquistando espaço em campos até então dominados por grandes corporações multinacionais e totalmente baseados em desenhos estrangeiros, como o setor automobilístico. A série esportiva SP e a popular Brasília, desenhada por José Vicente Martins e Márcio Piancastelli, foram destaques do design nacional para a Volkswagen no período. Poucos anos depois surgiu a Gurgel, primeira marca de carros 100% nacional, no capital e no design. Da mesma forma, o brasileiro começava a conviver – e a valorizar – em sua casa com produtos industriais legitimamente nacionais, como garrafas térmicas, tesouras e facas com desenhos inovadores. Investindo no design para se diferenciar, a indústria de utensílios gaúcha Zivi Hércules conquistou a liderança em seu segmento de atuação e viu suas peças chegarem ao acervo permanente do MoMa (Museu de Arte Moderna de Nova York).

A participação mais efetiva na indústria foi fundamental para ampliar o reconhecimento da importância do design por empresários e representantes do governo e estimulou a formação de um aparato institucional de apoio ao desenvolvimento da atividade. O senador Severo Gomes, na época ministro da Indústria e Comércio, foi responsável por criar o primeiro laboratório de desenho industrial do país, o INT, voltado para a certificação e o controle de qualidade do design na indústria. Na Fiesp (Federação das Indústrias do Estado de São Paulo), surgiu o NDI (Núcleo de Desenho Industrial), iniciativa capitaneada por José Mindlin, que fomentava o conceito de design entre os industriais e buscava estabelecer mecanismos de estímulo à profissionalização da atividade. O período é marcado, ainda, por outras associações, abertura de novos cursos e luta pela regulamentação da profissão.

O design já era um tema presente na pauta do desenvolvimento tecnológico do país no início da década de 1980, contando com muitos laboratórios e escolas. A conjuntura brasileira, entretanto, havia mudado. A indústria sofria os impactos da crise econômica, o regime militar vivia seus últimos suspiros e a liberdade de expressão era aos poucos reconquistada pela sociedade. No exterior, ganhava atenção o New Design, movimento que propunha a desconstrução do formalismo, com a prevalência da função simbólica de cada desenho. Suas influências não demoraram a ter impacto na produção nacional, privilegiando aspectos como a subjetividade, o humor, a ironia, a provocação, o gosto popular, a sensualidade, as formas assimétricas e, às vezes, o que parecia errado e desconfortável. Este último foi, justamente, o nome de uma das primeiras séries produzidas, em 1989, pelos irmãos Fernando e Humberto Campana, que mais tarde se tornariam um dos maiores ícones do design brasileiro, com reconhecimento internacional e uma produção marcada pela liberdade em relação às amarras formais, pelo olhar sobre elementos do cotidiano e pelo uso de materiais não convencionais.

CADEIRA CONE
Design: Fernando e Humberto Campana

Em contraposição às tendências seriais da indústria, a produção de móveis semiartesanais em madeira – ao estilo dos ícones requintados do Brasil moderno – voltou à cena com vigor nos anos 1980, ganhando novos contornos pelas mãos de criadores como Fúlvio Nanni Jr., Carlos Motta e Claudia Moreira Salles. Com sua primeira edição em 1986, o Prêmio Museu da Casa Brasileira é uma amostra da valorização da produção criativa nacional no período.

Nas últimas duas décadas, o mundo vem se reconfigurando a partir de um ciclo de transformações aceleradas, tendo como principal catalisador uma

VENTILADOR SPIRIT
Design: Guto Índio da Costa

revolução tecnológica sem precedentes, propulsora da cultura digital que hoje permeia nossas vidas, nossos relacionamentos e nossos processos de produção. A internet foi um dos motores da globalização, tornando o mundo menor e intensificando as trocas de bens tangíveis e intangíveis entre diferentes países e regiões. Alguns episódios determinantes permitiram ao Brasil se integrar nesse novo cenário de forma mais participativa e exercer o potencial que suas riquezas natural e cultural lhe conferem. O primeiro acontecimento, logo no começo da década de 1990, foi a abertura dos portos para produtos importados.

A indústria brasileira sentiu o impacto da medida e precisou se renovar para ser mais competitiva, tendo no investimento em design uma das principais demandas nesse sentido. Se o desenho industrial ainda não se tornaria um segmento com grande atividade no país, os escritórios especializados em embalagens tiveram papel dominante nesse período e se espalharam pelo Brasil, deixando de se concentrar no eixo Rio-São Paulo, a exemplo do que ocorria com a área gráfica, com o aumento de demanda e as facilidades trazidas pelos microcomputadores. Também em indústrias criativas como as de moda, móveis e utensílios domésticos, a concorrência externa – com especial pressão da indústria chinesa sobre commodities – exigiu ampliar o investimento em criação e o diálogo com designers nesses setores foi tornando-se cada vez mais profícuo.

Em 1995, o Programa Brasileiro de Design, iniciativa do Ministério do Desenvolvimento, Indústria e Comércio Exterior, foi um marco político e institucional para o fortalecimento da atividade, com a proposta de promover a inserção e o incremento da gestão do design nos setores produtivos brasileiros. Outros programas significativos de incentivo ao design foram implementados por órgãos como Sebrae, Senai e Apex, com foco na consolidação de mercados internos e externos para o design brasileiro e na valorização da marca nacional. Aproveitando esse movimento, marcas tradicionais como a Havaianas tornaram-se nomes repetidos nos quatro cantos do mundo.

A estabilidade da moeda, a partir do Plano Real, foi outro fator relevante para a inserção do design brasileiro na dinâmica da globalização em condições razoavelmente favoráveis. A paridade do real com o dólar atraiu interesses externos para o nosso mercado, provocando uma onda de fusões e aquisições entre grupos econômicos brasileiros e estrangeiros. Alguns escritórios internacionais, como Landor, Interbrand, FutureBrand e Wolff Olins, conquistaram espaço no mercado nacional, seja por contratação direta ou por associações com escritórios locais. Sua presença foi fundamental para inserir os escritórios brasileiros em um movimento internacional feito pelo design corporativo nesse período, no sentido de ampliar seu portfólio de serviços, passando a ter forte foco no branding, disciplina de posicionamento estratégico de marcas, ampliando o protagonismo da atividade nas grandes corporações.

Com a importância adquirida rapidamente pela internet, logo o webdesign se delineou como um novo e relevante segmento, havendo a abertura das primeiras empresas brasileiras nesse período. Apesar das dificuldades do primeiro ciclo de expansão do mercado de internet, e dos entraves de infraestrutura que ainda hoje impedem a operação de projetos mais complexos de internet no país, aqui como no resto do mundo os meios digitais provocaram alterações profundas em nossas formas de relacionamento e na linguagem do design de forma geral, especialmente o gráfico, e em contrapartida ampliaram sua área de atuação. Atualmente, a comunicação é – ou pelo menos tende a ser – transmídia. O pensamento transmídia ajudou o design a sair dos suportes para se posicionar no cerne do pensamento conceitual de comunicação, como sugere a metodologia do design thinking.

A valorização da capacidade de o design refletir além de suas fronteiras converge hoje com a cristalização do pensamento sustentável em nossa sociedade, extrapolando as preocupações ecológicas para considerar também a sustentabilidade social, cultural e conceitual do que o projeto propõe. O design reflexivo é engajado e busca agregar valores cada vez mais amplos a seus processos e resultados, como sugerem, por exemplo – e por diferentes vieses –, os textos deste livro assinados por Rico Lins, Fred Gelli e Marcelo Aflalo, bem como a postura da Oppa, comentada no artigo "Design Acessível", com um desenho de negócio ancorado no design, além de outras inúmeras iniciativas em que essa orientação transparece de forma mais ou menos explícita. São caminhos que conduzem à diversidade do design brasileiro.

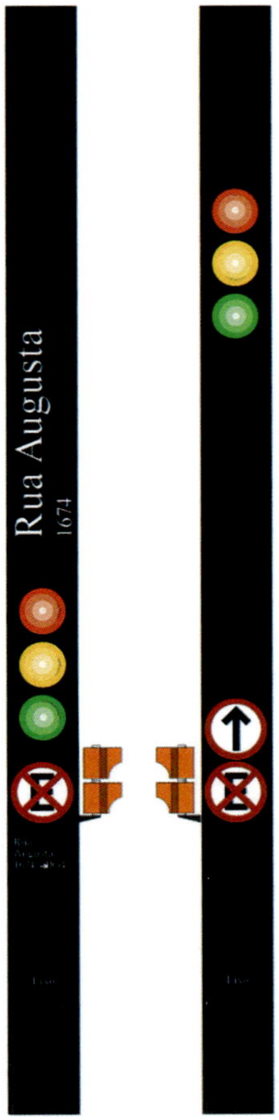

AV. PAULISTA
Sistema de sinalização e mobiliário urbano – 1974 – Croqui: equipamentos urbanos – abrigo de ônibus e quiosques – e conjunto de postes de uso múltiplo, integrando mensagens visuais e equipamentos de sinalização.
Design: João Carlos Cauduro e Ludovico Martins – Cauduro Martino Arquitetos Associados

3

A CULTURA DO DESIGN

ESTÍMULOS À VALORIZAÇÃO INTANGÍVEL

CHRISTIANO BRAGA

Uma questão que vem se destacando nas agendas públicas e privadas das últimas décadas é a valorização da diversidade cultural brasileira, com a criação de condições favoráveis à produção de bens e serviços culturais ou com conteúdo cultural e criativo.

CHRISTIANO BRAGA

Economista, gestor de projetos de economia criativa e serviços da Apex-Brasil

Um conceito que começa a se impor é o da chamada indústria criativa, que representa um conjunto de atividades econômicas emergente, ultrapassando os limites tradicionais entre a produção e o consumo. As atividades econômicas que compõem o núcleo das indústrias criativas não são, por si mesmas, novas. O desenho arquitetônico, a moda, a publicidade, a produção audiovisual e a música são todas atividades associadas à primeira Revolução Industrial e que adquiriram, no entanto, uma dimensão econômica e social totalmente nova com a globalização e o surgimento da sociedade da informação. A globalização aumentou o intercâmbio de produtos e serviços culturais e consolidou mundialmente o papel econômico e social das produções de mídia. As tecnologias da informação facilitaram a criação, transmissão e produção do audiovisual, possibilitando a fusão de expressões midiáticas, comunicação e audiovisual (Castells, 1996)[1].

Há pouco mais de uma década, o Brasil tem almejado e conquistado interessantes resultados em suas operações de exportação de bens e serviços culturais ou com conteúdo cultural. Hoje, existem cerca de 15 segmentos empresariais organizados e com uma estratégia internacional voltada para posicionar a sua produção no exterior, beneficiando centenas de empresas criativas com os mais diversos portes e modelos de negócios. Porém, além de um contexto favorável, esse ciclo é alicerçado por uma série de ações institucionais que buscam apoiar empresários na formatação e no posicionamento de seus negócios no exterior. Ainda em 2002, o Projeto Cara Brasileira: a Brasilidade nos Negócios, promovido pelo Sebrae (Serviço Brasileiro de Apoio às Micro e Pequenas Empresas), constituiu-se, provavelmente, na primeira reflexão articulada sobre as características e potencialidades da economia criativa brasileira para fins de promoção do país. Esse levantamento foi um marco, considerando que estávamos em um processo de transição para uma economia mais estável, no qual o acúmulo de divisas oriundas das exportações e da promoção da marca Brasil era crucial. Naquele momento, notabilizou-se a sentença: "exportar ou morrer".

Essa iniciativa buscava estabelecer elos de integração entre a nossa identidade multicultural, abrangente e inven-

ESTANDE BRASIL DESIGN WEEK 2011, SP

1 CASTELLS, Manuel. *The Rise of the Network Society, The Information Age*: Economy, Society and Culture. 1st ed. Cambridge: Blackwell Publishers, 1996. v. 1. (2nd ed., 2000).

ACERVO DA ASSOCIAÇÃO BRASILEIRA DAS EMPRESAS DE DESIGN (ABEDESIGN)

ESTANDE BRASIL DESIGN WEEK 2010, SP

tiva e os potenciais de mercado a que ela poderia ser vinculada. Um time eclético de consultores – especialistas em áreas temáticas como moda, artesanato, design, arquitetura, música, futebol etc. – foi reunido para revisitar aspectos notórios da cultura brasileira. O pluralismo racial e cultural, os elementos provenientes de tradições e experiências populares, além de características como alegria, otimismo, criatividade, hospitalidade e cordialidade, estão entre os listados no estudo, com potencial para serem levados em conta no desenvolvimento de produtos e serviços vendáveis com a cara do Brasil.

Já em 2005, a promoção internacional das indústrias criativas brasileiras adquiriu importância nos esforços desenvolvidos pela Apex-Brasil (Agência Brasileira de Promoção de Exportações e Investimentos), que, entre os mais de 80 setores da economia brasileira com os quais trabalha, tem fomentado a promoção comercial de bens e serviços culturais ou com conteúdo criativo, certa de sua contribuição para fortalecer a imagem nacional no exterior e induzir melhorias no ambiente interno de negócios, algo fundamental para a inserção internacional dessas empresas.

As primeiras iniciativas atreladas aos setores criativos deram-se nas áreas do cinema e da música, em seguida, nos segmentos de conteúdos para TV, editoriais, artes plásticas, games e, recentemente, na arquitetura. No design, o trabalho setorial da Apex-Brasil se iniciou com o apoio a prêmios

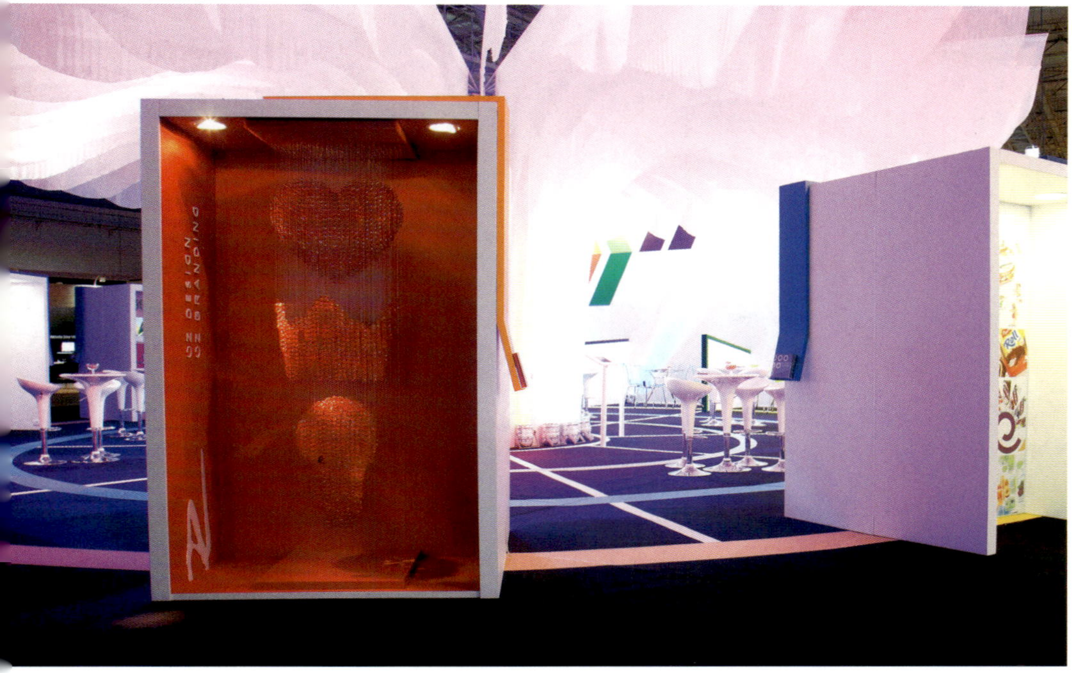

ESTANDE
BRASIL DESIGN
WEEK 2011, SP

internacionais e com uma articulação para a venda, no exterior, dos serviços de escritórios de design brasileiros, com importantes intervenções junto dos segmentos moveleiro e da moda. A tradição e a experiência do design na ponte entre o produto nacional e o consumo exterior impulsionam e servem como exemplo para as demais áreas.

Hoje, essas ações da Apex-Brasil alcançaram uma amplitude maior e mais complexa, contemplando, por exemplo, a questão da transversalização do design, com estímulos e articulações que visam a promover o uso mais intensivo de suas ferramentas em produtos e serviços de outros setores. Na busca de sinergia entre elementos e atributos culturais e locais e interesses comerciais, o design desempenha um papel preponderante por sua capacidade de construir soluções inovadoras e atentas aos benchmarks dos mercados internacionais. Além de sua presença transversal na linha de produção dos mais diversos setores da economia, cada vez mais o design influencia decisões estratégicas de posicionamento de marcas e mercados.

Por sua característica multicultural e inventiva, as indústrias criativas constituem-se em ativos fundamentais para o Brasil. Têm potencial de abrir mercados e posicionar, de forma mais qualificada, nossas vocações expressivas, indo muito além de uma visão antiga e estereotipada, que associava o Brasil a imagens-clichê restritas a "praia, mulata e futebol".

MACY'S, UMA VITRINE PARA O BRASIL

ANTONIO HASLAUER

Entre maio e julho de 2012, os clientes da Macy's viveram uma experiência inédita de consumo.

ANTONIO HASLAUER
Executivo de branding, estrategista de moda e diretor da Visionaire

O maior grupo de lojas de departamento do mundo decidiu, pela primeira vez, homenagear um país com uma coleção temática que se desdobrasse de alguma forma em cada corner de suas 800 lojas, e o tema escolhido foi "Brazil".

O primeiro estímulo da Macy's para realizar essa ação foi a análise de estatísticas recentes que apontavam a força de consumo da população latino-americana nos Estados Unidos. Para avaliar que país da região geraria uma ressonância maior nas lojas, foram encomendadas propostas de consultores de cada nacionalidade. Assim, tive o orgulho de representar o Brasil nessa empreitada. Cada responsável apresentou um panorama das experiências de consumo no país, cases de produtos e marcas admirados localmente etc. A escolha foi baseada em razões racionais e emocionais.

Nosso país tem uma marca forte, com apelo afetivo expressivo em todo o mundo. Vai além das fronteiras latinas sem deixar, no entanto, de comunicar-se bem com esse público específico. O Brasil transmite simpatia, saúde, juventude, uma relação de intimidade com a natureza, atributos que hoje são muito apreciados globalmente. Temos uma identidade cultural atrativa, com representações como a música popular, a arquitetura e o design modernos, a culinária, a arte contemporânea. E, além disso, hoje o mundo todo ouve falar do Brasil, uma economia que galopa em um contexto global de retração, com uma presidenta, uma Copa e uma Olimpíada a serem sediadas...

Enfim, o Brasil detém grande capacidade de autopromoção. Esse patrimônio imaterial, entretanto, não foi suficiente, até então, para gerar um especial desejo de consumo pelos produtos "made in Brazil" e disseminá-los internacionalmente. São poucas as exceções – as sandálias Havaianas e algumas commodities tradicionais – e muitos os clichês que dominam a forma como somos percebidos. Para a Macy's, essa falta de efetividade comercial é uma oportunidade de trabalhar com um nível maior de ineditismo. Mas, se pensarmos no produto brasileiro, o que, afinal, o impede de ter melhor desempenho internacional?

O processo de trabalho nessa ação com a Macy's reforçou, em meu entendimento, algumas respostas para essa questão e, desde o momento em que tive o primeiro acesso à abrangência do que era a proposta, ficou nítido que esta seria uma oportunidade

BOLSA ARTESANAL
Peças na Macy's Brasil.
Design: Isabela Capeto

DIVULGAÇÃO/MACY'S

DIVULGAÇÃO/MACY'S

LINHA CAPIM DOURADO
Para o Macy's Brasil.
Design: Art da Terra

PROJETO MACY'S BRASIL
Fachada da loja: a magical journey.

especialíssima para a indústria de consumo brasileira. Com 150 anos de supremacia em um país onde o consumo é praticamente uma religião, a Macy's – do alto de suas lojas de nove andares em que se encontra literalmente de tudo – é a Santa Sé, é onde o Papai Noel mora. O Thanksgiving Day da Macy's é o segundo programa de TV de maior audiência anual nos Estados Unidos.

A ação englobaria todos os setores: moda, acessórios, joias, cosmética, beleza, decoração etc. Esse espectro de produtos, com suas 'n' categorias e marcas, tem fornecimento habitual das procedências mais variadas, e quase sempre a Macy's é a compradora número 1 mundial de cada marca. Mas o Brasil, até então, era pouco representado nesse templo do consumo – uma ponte que está sendo criada tardiamente. Em parte, essa ausência se deve à falta de mecanismos efetivos de representação, como o francês Comitê Colbert. Mas o Brasil parece estar ainda um passo atrás; apesar de ter produtos de qualidade e diferenciados, ainda prescinde de elementos de identidade que transmitam claramente suas vocações e áreas de destaque no comércio internacional.

A primeira etapa para definir as bases para a ação foi uma "visita guiada" de uma equipe da Macy's a algumas cidades brasileiras. O roteiro foi da Daslu às Lojas Riachuelo, do Beco do Batman (rua tomada pelo grafite em São Paulo) à mureta do Bar Urca, nas margens da baía de Guanabara, no Rio de Janeiro. A ideia era vivenciar experiências diversas de consumo para propor suas adequações às corners da Macy's, buscando expressar o lifestyle brasileiro.

Em uma segunda etapa, reunimos CEOs de todos os grandes fornecedores da Macy's – marcas como Lacoste, Hugo Boss, Nike, Samsonite, Starbucks, Lancôme, Hello Kitty etc. – em uma conferência, para dar as diretrizes da ação, frisando nosso desejo de nos distanciar dos temas de fácil associação, como futebol e Carnaval, e explicitando, de outro lado, o objetivo de promover novos nomes brasileiros do design, da cultura e das artes. Cada marca teve, ainda, acesso a uma consultoria específica, para apoiar e garantir a pertinência da adequação de suas ofertas e produtos à nova coleção.

Em paralelo, a partir de uma pesquisa extensa de curadoria, selecionamos 32 marcas brasileiras para participarem da coleção. Entre elas, a Natura fez sua primeira ação de varejo nos Estados Unidos e na primeira semana já tinha alguns itens de catálogo esgotados. Os sabonetes Phebo estiveram presentes. A estilista Isabela Capeto também. As joias de Maria Oiticica. Os protetores Sol de Janeiro.

Algumas marcas eram escolhas de primeira hora, mas acabaram não entrando na coleção. O sucesso afetivo precisava ser traduzido para uma linguagem de design única, que remetesse à origem brasileira mas estivesse adequada aos parâmetros comparativos do consumidor norte-americano. E, muitas vezes, tivemos de entrar nas empresas para articular soluções em conjunto para que o produto tivesse cara e formato adequados a esse público exigente. É um mercado muito mimado, com forte demanda por inovação, qualidade, preço, serviço. E por novidade. A palavra experiência tem de estar presente nas iniciativas e o Brasil pode ser a bola da vez. Mas a proveniência não determinará a sustentação dos produtos. ●

ACESSÓRIOS LIVE WORDLY

DIVULGAÇÃO/MACY'S

DIVULGAÇÃO/MACY'S

COLEÇÃO MARCELO ROSENBAUM
Participante do Projeto Macy's Brasil.
Design: Marcelo Rosenbaum

DIVULGAÇÃO/MACY'S

JOIAS NATURAIS
Uma das participantes do Projeto Macy's Brasil.
Design: Maria Oiticica

O
LUXO
E O
DESIGN
CARLOS FERREIRINHA

A transformação do ordinário em extraordinário. Isso é luxo, que tem como característica especial a excelência, o valor genuíno, o encantamento, o compromisso e a obsessão por detalhes.

CARLOS FERREIRINHA

Fundador e presidente da MCF Consultoria e Conhecimento

Assim como o design, a gestão do luxo tem uma determinação muito clara de comprometimento com a excelência, um compromisso imperativo com qualidade, técnicas e ferramentas que estimulam o consumidor a uma observação emocional e uma tomada de decisão motivada pelo desejo, por histórias que façam sentido ao longo do caminho.

A última década representa uma Era de transformação na gestão do luxo no mundo e, principalmente, em nosso país. Hoje, o Brasil – um nome que antes parecia de pouco destaque no mercado do luxo e premium – tem um dos cenários mais promissores do mundo. Uma nação que se tornou essencial para algumas operações mundiais e vê sua importância crescendo a cada ano. Há dez anos o luxo estava muito mais associado ao comportamento e não havia reflexão de gestão e de negócio. Com o crescimento do mercado de luxo e premium no país, tornou-se necessário desenvolver uma ferramenta de especialização do luxo como negócio, como gestão, como gerenciamento.

Que riscos, então, assumir, ou quais ideias deveriam surgir, em um mundo que está mudando a uma velocidade estonteante? Para alguns especialistas, o século XX será lembrado como o século da moda. Poucas atividades econômicas não foram, de alguma forma, direta ou indiretamente, influenciadas pelo poder da moda! As mudanças geram forte impacto na maneira como consumimos e fazem que a necessidade de produtos não seja mais a vertente da tomada de decisão, mas obrigatoriamente o desejo de consumi-los (independentemente da necessidade) fez que a moda influenciasse de forma muito eficiente essa relação. Moda

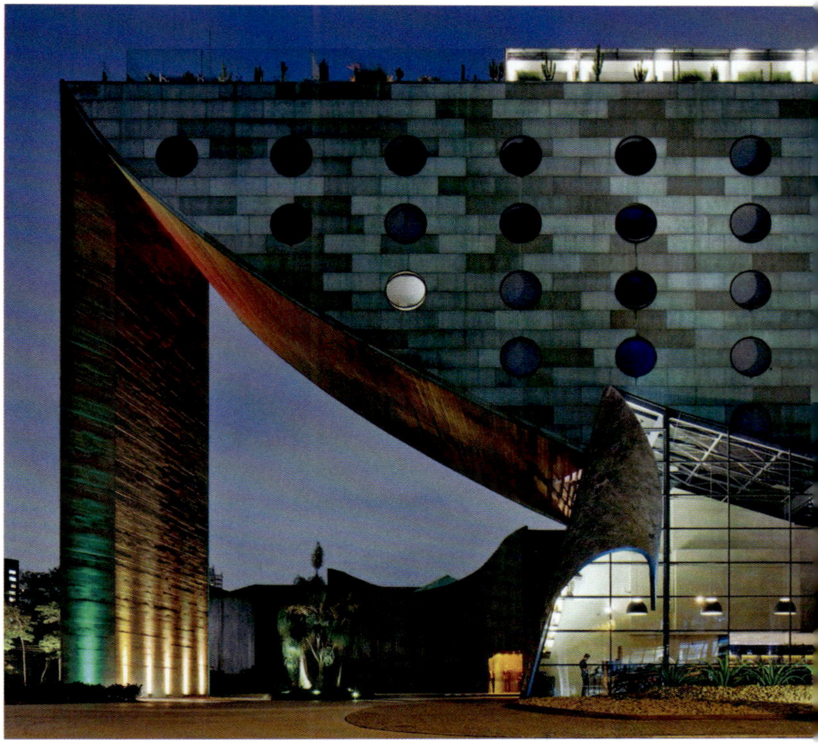

NELSON KON, DIVULGAÇÃO/UNIQUE

HOTEL UNIQUE, SP
Premiado projeto para o Hotel Unique.
Design: Ruy Ohtake

mexe com a vaidade, os desejos, o belo, as cores; enfim, atributos que precisam ser entendidos e decifrados cada vez mais por todos no mercado.

Para alguns especialistas, e em minha visão, o século XXI se firma como o século do design. Devemos estar preparados! O design também foi influenciado por uma alucinante sucessão de movimentos: da Art Nouveau ao Pós-Modernismo, da Bauhaus ao psicodelismo. E agora será a interpretação definitiva de uma Era na qual desejo, forma, estímulo visual e emocional são as características de diferenciação. Para assumir riscos e ter grandes ideias, será necessário considerar a ferramenta do design em sua plenitude. Uma cadeira só faz sentido se ela for entendida também dentro de um conceito maior – a cadeira em uma sala, a sala em uma casa, a casa em um bairro, o bairro em uma cidade e a cidade em um plano maior. Como diria Adélia Borges: " [...] é só olhar para o lado e você verá que o design está em tudo [...]".

O design tem a força de alterar preconceitos, a visão de produtos, gerar desejo de consumo da noite para o dia. Uma vez associado à tecnologia, às novas matérias-primas, à moda, torna-se uma ferramenta indispensável. O que antes era evolução e inovação, no século XXI é requisito fundamental de mudança e tem crucial importância para contar uma história, construir identidade, solucionar ou buscar soluções.

O design e o consumo do luxo foram democratizados, o que nos leva a uma reflexão sobre o comportamento de consumo. Surge uma nova classe consumidora que traz ao mercado de luxo um novo cliente, que tem acesso às mes-

DIVULGAÇÃO/RODRIGO ALMEIDA

MADEIRA E COURO
Com um olhar quase incômodo sobre a funcionalidade, o brasileiro Rodrigo Almeida cria os seus objetos com base em uma fusão caótica dos elementos.
Design: Rodrigo Almeida

DIVULGAÇÃO/BRUNNO JAHARA

BUFFET BABILÔNIA
A leitura carnavalesca de Bruno Jahara, que busca diferentes materiais, cores e referências para apresentar ao mundo seu design com DNA brasileiro.
Design: Bruno Jahara

mas categorias de produtos diferenciados, mas que carrega em sua bagagem outras referências estéticas, comuns aos emergentes, que representam mais da metade do consumo nacional dos dias atuais.

O consumo na gestão do luxo é emocional. Numa Era em que o desejo está ligado ao emocional, à realização pessoal, experiências são fundamentais. Experimentar, sentir, despertar sensações que só podem ser proporcionadas por meio de experiências. A diferenciação leva ao destaque, e este a oportunidades de expansão de uma empresa. Esta é a "Era das Experiências", em que cada vez mais o cliente procura oportunidades de experimentar novas emoções, de sentir-se especial e único. Portanto, as empresas podem estimular os seus clientes a tomarem decisões para alguns de seus produtos ou categorias pela vontade, pelo desejo e não apenas pela necessidade.

Luxo que se torna inspiração para oportunidades de negócio, expansão, crescimento e diversificação. O mundo, as empresas, os executivos, os profissionais, todos nós temos de olhar as possibilidades e as alternativas com mais criatividade. A economia criativa e a educação no design contribuirão muito com isso. ●

DIVULGAÇÃO/OSKLEN

OSKLEN
Aspectos de brasilidade atrelados à sustentabilidade.

DIVULGAÇÃO/KALMAR

VELEIRO CLÁSSICO K8
Inspirado nos clássicos da década de 1950, o estaleiro Kalmar, especializado em marcenaria naval, possui 30 anos de tradição na construção e restauro de barcos de madeira, produzindo embarcações de maneira artesanal e única.

DIVULGAÇÃO/ETEL

APARADOR CACOS
Criada nos anos 1980, a Etel Interiores transformou a marcenaria em arte.
Design: Etel Interiores

DESIGN ACESSÍVEL

O móvel brasileiro teve sua época áurea entre as décadas de 1930 e 1960, com uma produção frutífera de grandes criadores, guiados quase sempre por uma estética alinhada com a arquitetura modernista, então em voga e na qual o Brasil se destacava.

TOK&STOK
Linha São João, lançada em 2012.
Design: Flávio Morais

DIVULGAÇÃO/TOK&STOK

O movimento modernista tinha, entre seus preceitos ideológicos, a missão de oferecer soluções e projetos de qualidade para classes pouco favorecidas e, com esse perfil, surgiram alguns clássicos da arquitetura do período, combinando forte apelo funcionalista e estética moderna.

Também é possível identificar iniciativas dos designers de móveis modernos direcionadas de acordo com suas preocupações sociais e de acesso à classe média dos móveis nas décadas de 1960 e 1970, com destaque para a produção da Mobília Contemporânea, de Michel Arnoult, entre outros. Mas as características artesanais da maioria das peças do período, seus processos elaborados de produção e mesmo a conjuntura de industrialização incipiente no país não favoreceram o consumo em escala das criações modernas. Além dos modelos que ficaram para a história, o maior legado do movimento foi a introdução de aspectos de brasilidade na produção moveleira nacional, contrapondo-se à cultura copista que se impunha até então.

Hoje, a produção autoral de móveis vive novamente um momento de efervescência no Brasil, com destaque para herdeiros da estética modernista e criadores que trouxeram novas concepções para a atividade, como os Irmãos Campana, reverenciados internacionalmente. Esses expoentes, quase sempre, pelo valor que suas assinaturas e os materiais utilizados agregam a cada peça, tendem a ocupar um nicho bastante seletivo do mercado. Entretanto, o design já está na pauta de um público bem mais amplo na hora de mobiliar a casa.

Uma série de fatores contribuem para isso, fazendo surgir e fortalecendo grandes marcas preocupadas em oferecer

JORGE BISPO/DIVULGAÇÃO OPPA

CADEIRA UMA
Design: José Alcântara Machado

LINHA INNOVATOR
Poltrona Stuns HB, criada em parceria com a marca sueca, lançada em 1978 no MASP e relançada em 2011.
Design: Tok&Stok

produtos que privilegiam a estética, a funcionalidade, a diversidade de propostas e, é claro, o preço. O primeiro nome associado a esse perfil no país é Tok&Stok. Criada em 1978 pelos franceses Régis e Ghislaine Dubrule, a rede de lojas começou vendendo objetos que eram novidade na época e fizeram moda, como os móveis feitos de bambu, madeira clara e tubos metálicos coloridos. A oportunidade comercial vislumbrada pelo casal veio de uma constatação simples quando tentavam montar sua própria casa: produtos baratos eram feios e os bonitos eram caros. Sua inspiração era a sueca Ikea, que ainda não tinha equivalentes por aqui.

A Tok&Stok só foi ganhar uma concorrente com o mesmo porte em 2004, com a chegada da Etna ao mercado. O cenário brasileiro já era bem mais convidativo para o investimento feito pela marca italiana, com economia estável, nível de emprego e renda ascendentes e expansão de crédito gerando uma mudança significativa no perfil de consumo dos brasileiros. A indústria brasileira de móveis tem uma atuação sólida atualmente, com pelo menos quatro polos de produção trabalhando com tecnologia e padrão de qualidade de alto nível, principalmente no sul do país. O mercado aquecido virou também uma oportunidade para os designers brasileiros, que, além de verem ampliadas suas chances de realizar projetos, cada vez mais passaram a ter nos próprios clientes finais aliados importantes em prol da exigência de ofertas com qualidade de projeto.

Recentemente, outras marcas surgem para brigar por essa fatia – especialmente as classes B e C – interessada em combinar design e economia. Uma dessas é a Oppa, criada em 2011 pelo alemão Max Reichel, com uma aposta na produção dirigida para um novo mercado emergente no Brasil, de clientes antenados em referências diversas, que não necessariamente vão aspirar ao que é consumido pelas classes mais altas. A Oppa pratica o que chama "smart design", buscando uma identidade inovadora de design, com projetos que combinam estética, qualidade e bom preço. Ela opera exclusivamente na internet e seus projetos de produto são

RACK BASEL
Design: Oppa

DIVULGAÇÃO/OPPA

contratados de novos designers brasileiros, com coleções lançadas mensalmente.

As vendas virtuais permitiram a existência de uma série de outros empreendimentos de menor porte, inclusive, recentemente, sites de compras coletivas dedicados a peças de design, que buscam seduzir os consumidores com ofertas incessantes. A postura – e o discurso – sustentável também é um aspecto que tem movimentado iniciativas e clientes no segmento. Fundada em 2006, também com operação virtual, a empresa catarinense Meu Móvel de Madeira é uma boa referência. Ela tem crescido a uma taxa de quase 50% ao ano com uma linha composta exclusivamente por produtos feitos de madeira proveniente de florestas replantadas.

Na medida em que surgem outras marcas de "design acessível", um dos fatores de diferenciação têm sido as coleções assinadas, como aquelas do designer Marcelo Rosenbaum para a própria Tok&Stok, para a Micasa e para as Pernambucanas. Reconhecido pela estética repleta de referências à identidade cultural brasileira, Rosenbaum cria projetos que aliam preocupações estéticas a preço acessível e adequação às dimensões e à realidade das casas populares em cadeia nacional, no quadro "Lar, doce lar", do programa *Caldeirão do Hulk*, exibido pela TV Globo.

LUMINÁRIA ROBO
Desing: Oppa

HARMONIA
Desing: Oppa

A disseminação do acesso ao design tem um papel importante na formação cultural do brasileiro. Ele vai muito além do aspecto intangível, de reconhecer valor simbólico para um objeto funcional, tornando-o um objeto de desejo; passa por necessidades ainda mais básicas, de ter disponíveis opções de compra despadronizadas, que respondem a usos, gostos e contextos pessoais.

SOFÁ MODUS
Desing: Oppa

O FOOD DESIGN E A IDENTIDADE DOS RESTAURANTES

ROSA MORAES

VINÍCIUS CAPOVILLA

Há muito tempo a gastronomia deixou de ser um mero ritual de alimentação e passou a ser influenciada por movimentos culturais e tendências de mercado.

ROSA MORAES
Diretora de hospitalidade e gastronomia da Laureate Brasil

VINÍCIUS CAPOVILLA
Sócio-proprietário da Saperian

Os restaurantes deixaram de vender apenas refeições para envolver seus clientes em verdadeiras experiências sensoriais. Ambiente, serviço, sonorização, iluminação, decoração, talheres, pratos e bebidas passaram a dividir com os pratos do menu a atenção dos sentidos dos clientes. Nessa nova conjuntura, surgiram a preocupação pela estética e o processo criativo atrelado ao design na gastronomia.

A essência de um restaurante é a comida que ele serve, mas sua identidade também é composta por uma série de outras expressões capazes de transformar completamente a experiência dos comensais. Muitas casas conquistam seus clientes por fatores além da comida e esta é uma preocupação cada vez mais presente no mercado mundial, em particular no brasileiro.

Não à toa, alguns restaurantes passaram a incluir em sua operação, de forma fixa ou terceirizada, a figura de um estilista ou designer para atuar no desenvolvimento de louças, talheres e copos exclusivos para o estabelecimento ou em cada criação do chef de cozinha. Outras preocupações dos novos tempos dizem respeito à presença marcante da arquitetura do restaurante e à identidade visual da marca. Isso vem dar aos restaurantes uma relevância cultural, demanda advinda dos consumidores, que buscam estímulos multissensoriais, valorizando a experiência e a criatividade.

O primeiro passo para investir na identidade de um restaurante é conhecer o perfil de sua clientela. E ela é numerosa. Pesquisa recente publicada na *New York Magazine*, revista do jornal *The New York Times*, mostra que os jovens nova-iorquinos, por exemplo, deixam, em média, 25% de seus salários em restaurantes. Se os clientes existem em grande número, a concorrência é proporcional. Os atributos a serem trabalhados para se diferenciar no mercado começam pela presença nas redes sociais, passando pelo bom relacionamento com a mídia e a realização de eventos especiais que possam ajudar a estreitar relações e formar a opinião dos clientes.

TUCA REINÉS/DIVULGAÇÃO STUDIO CASAS

RESTAURANTE KOSUSHI
Projeto: Arthur Casas

TOMÁS RANGEL/DIVULGAÇÃO FASANO

ANTÔNIO RODRIGUES/DIVULGAÇÃO

RESTAURANTE GERO
Instalado no bairro carioca da Barra da Tijuca. RJ.
Projeto: Isay Weinfeld

DUI CLANDESTINO
Açorda de bacalhau Clandestina (ovo a 62°C com espuma de brandade de bacalhau e farofa de milho) e Ostra ao molho de missô e yuzu, com pérola de azeite de shissô.
Criação: Bel Coelho

A construção da identidade de um restaurante pode ser, em pequena escala, um case de design thinking. As expressões da marca devem constar em situações básicas, como o logotipo, o site, o menu e os uniformes, mas também em componentes da arquitetura e decoração, como iluminação e utensílios, na música, na presença do chef, nos pratos em si e em sua apresentação, em seus descritivos, na carta de vinhos ou de cervejas, na atmosfera do ambiente e no tom geral da comunicação.

Felizmente, já são raros nos bons restaurantes brasileiros os blazers e as gravatas-borboleta, tão pouco tropicais. Hoje, tanto o food design como a atenção dedicada à identidade dos restaurantes em todas as suas manifestações são amplamente praticados no Brasil. Chefs de renome do país já são reconhecidos pela apresentação e estética de seus pratos, pela chamada "arte da mesa". Afinal, a primeira impressão do cliente é a que fica.

O termo food design é amplo, uma vez que pode ser utilizado para descrever a apresentação de um prato, a disposição dos talheres e louças à mesa, a embalagem de um produto ou até mesmo o desenvolvimento de utensílios de cozinha.

Como afirma Gionatan Lassandro, presidente do Fooda e cofundador do Foodam – Food, Design & Art Museum, "Primeiro, há uma premissa básica a fazer: o paradigma do food design é relativamente recente e ainda não há uma definição fixa. De qualquer forma, trata-se do planejamento de tudo o que tem a ver com comida. O design de alimentos está ligado à produção industrial e ao design clássico (embalagem, forma, cor do produto alimentar), bem como a um elemento cultural e visual".

O desenvolvimento do food design no Brasil é contíguo e influenciado pelo momento de transição por que passa a gastronomia brasileira; um ponto de interseção de diversos movimentos artísticos e culturais nos quais predominam a valorização dos insumos e seus produtores, a busca por uma gastronomia saudável, o minimalismo e a releitura de pratos tradicionais e clássicos. Esse conjunto de elementos, às vezes complementares, outras vezes antagônicos, vem desenhando a atual identidade gastronômica brasileira.

Fora do circuito dos chefs de cozinha, outros profissionais, como arquitetos, designers e fotógrafos importantes, já têm a gastronomia entre suas especialidades. Isay Weinfeld e Arthur Casas são exemplos de que a arquitetura mais criativa do Brasil é exercida em empreendimentos comerciais, com belas referências no segmento gastronômico. Simone Mattar oferece o conceito de foodbranding para construir a identidade visual de restaurantes com um leque de soluções sensoriais e resultados surpreendentes. Já há no mercado, inclusive, estilistas especializados em fashion chef.

A preocupação atual de um restaurante não pode se restringir à criação de um menu de sucesso e sua administração. Movido pela necessidade constante de informação, exigência da clientela, seu foco agora está em um ponto ainda em desenvolvimento, que integra gastronomia, design, arte e cultura.

RESTAURANTE ALMA MARÍA
Projeto: Arthur Casas

TUCA REINÉS/DIVULGAÇÃO STUDIO CASAS

DIVULGAÇÃO/RESTAURANTE KINOSHITA

RESTAURANTE KINOSHITA
Pratos são destaque do premiado chef Murakami, seguidor da Kappo Cuisine, que une alta gastronomia tradicional japonesa com a ousadia contemporânea.

GALETO'S
A proposta visual da unidade Iguatemi Alphaville, em SP, faz parte da identidade criada para a rede Galeto's. Design: Simone Mattar

DIVULGAÇÃO/GALETOS

DIVULGAÇÃO/BARBACOA

BARBACOA
A identidade visual do Barbacoa, em suas unidades no Brasil e em Milão, seguem a influência rupestre proposta pela designer.
Design: Simone Mattar – Milão e Morumbi, SP / Shopping D&D, SP

RESTAURANTE MANÍ
Nhoque de mandioquinha e arroz de Lula, destaques dos chefs Helena Rizzo e Daniel Redondo.

DIVULGAÇÃO/MANÍ

4

DESIGN E SUSTENTABILIDADE

DESIGN E SUSTENTABILIDADE

FRED GELLI

Ecodesign e design sustentável são expressões que vão deixar de existir em pouco tempo. No futuro, todo design vai ter de ser "eco", ou não será design.

FRED GELLI

Cofundador e diretor de criação da Tátil Design

Produtos e serviços que não sejam projetados tendo como atributo básico o impacto que vão gerar no meio em que serão inseridos estarão, no mínimo, reduzindo radicalmente sua capacidade de competir em mercados cada vez mais exigentes, com consumidores mais conscientes e legislações mais duras, que tendem a punir soluções agressivas ao ambiente.

Mais do que acreditar em uma evolução radical do nível de comprometimento e de consciência da indústria e do consumidor (o que deve acontecer em algum nível e também será fator importante na revolução que vamos vivenciar) será a competitividade que vai transformar radicalmente nosso jeito de colocar mais objetos no mundo.

Como na natureza, o instinto de sobrevivência é a mais poderosa motivação para mudanças de estratégia. Estamos no limiar de uma mudança de paradigma, em que teremos contato forçado com um cenário que nos responsabilizará por tudo que colocarmos no mundo, e isso pode custar muito caro!

Quanto pode custar para uma montadora garantir o desmonte de um carro que não foi projetado para ser completamente reciclável? Quanto custa para uma marca o comprometimento de imagem que uma conduta pouco consistente no campo socioambiental pode causar? Discurso e atitude terão de estar cada vez mais alinhados, sob o risco dos "cliques" impiedosos dos próprios funcionários e consumidores que publicam na rede global ao menor indício de hipocrisia.

Bom, essa é uma das dimensões do que podemos esperar dos briefings que receberemos em um futuro próximo. Assim como outros atributos básicos, como qualidade, beleza

PENBOO
O brinde de fim de ano (2008) que reflete o pensamento sustentável e celebra a criação do novo Núcleo de Ecoinovação da Tátil.
Design: Tátil Design

FOLHAS SECAS
Impressão a laser em folhas secas, usadas como convite e flyer no Workshop Designing Naturally, ministrado pela Tátil Design no Festival de Publicidade de Cannes 2008.
Design: Tátil Design

e funcionalidade, produzir o menor impacto ambiental possível será fator decisivo na avaliação de sucesso de qualquer ideia. Mas como chegar lá? Qual o tamanho desse desafio? Que tipo de novas considerações teremos de incluir em nosso processo criativo? Que novas competências teremos de desenvolver? Qual é de fato nossa real contribuição no redesenho de nosso modo de vida?

Para mim, muito mais do que pensar em mais objetos e serviços para um mundo que sofre overdose de "bugigangas", nosso trabalho será o de rever as bases de nossa relação com o consumo ou, ainda de forma mais essencial, nossa relação com nossas novas demandas físicas e psicológicas em um mundo que terá de ser diferente.

Esse enorme desafio criativo só tem chance de ser atacado se tivermos a capacidade de juntar forças e integrar conhecimentos e pontos de vista. As soluções para o futuro são mais complexas, multifacetadas, exigem a soma de sa-

beres, e é aí que acho que existe espaço para nossas maiores contribuições como designers.

Costurar conhecimento é, em minha opinião, nosso maior talento. Somos multidisciplinares de nascença! Sabemos como traduzir a língua dos especialistas em ingredientes criativos. Não é à toa que nossa profissão é a que tem mais afinidade com a dinâmica da "inovação", que nada mais é do que costurar conhecimentos e ideias que não foram costurados antes.

Nessa posição de catalisadores de ideias, poderemos usar todo o nosso potencial criativo como maestros dessa revolução que se aproxima, assumindo um papel ainda mais relevante e estratégico no desenho de nosso futuro comum.

GREENCARDS
Cartões de visita ecológicos da Tátil Design, feitos com embalagens TetraPak reunidas pelos próprios funcionários.
Design: Tátil Design

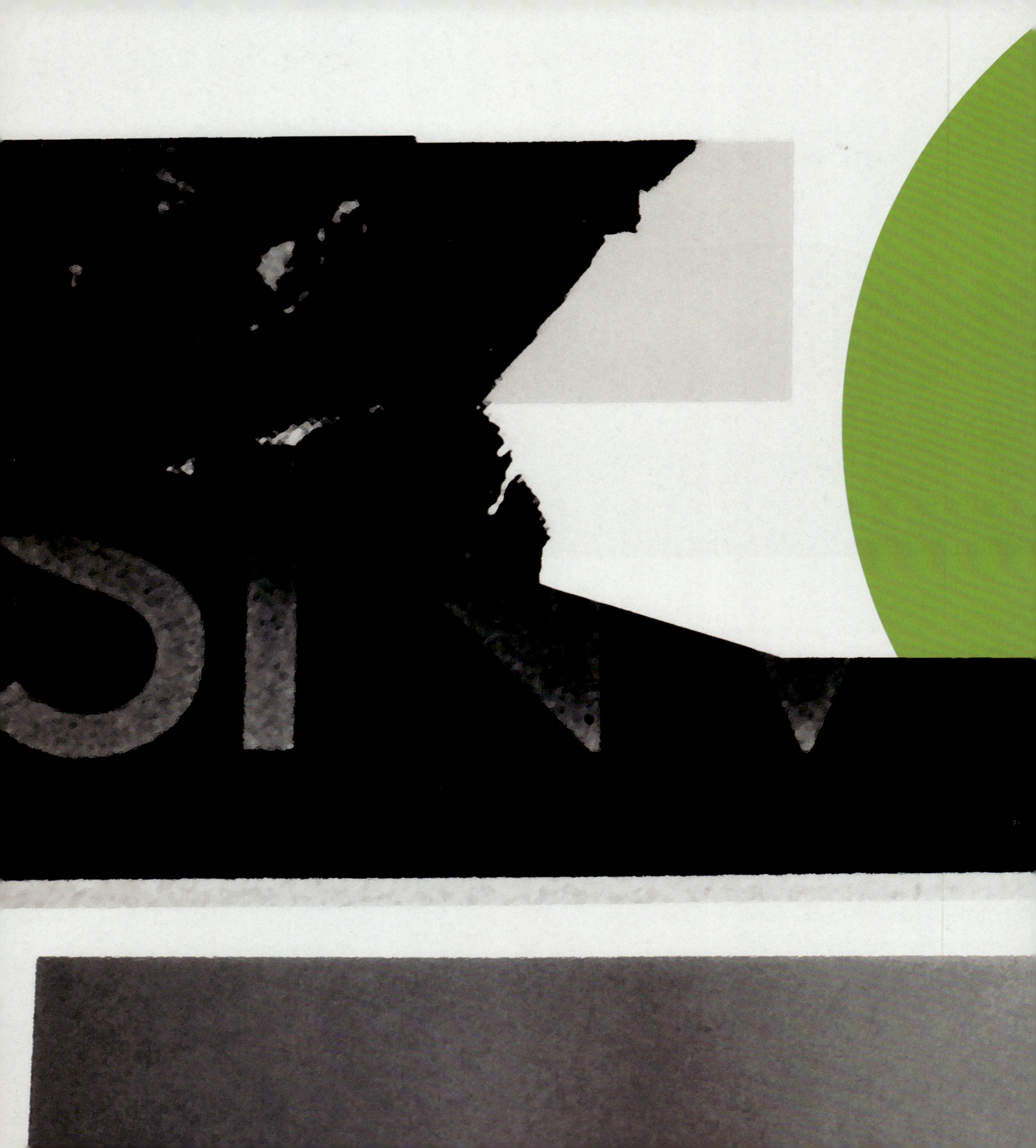

AS ESTRATÉGIAS SUSTENTÁVEIS DO DESIGN

RICO LINS

O conceito de sustentabilidade, que vem ocupando espaços e se desdobrando em infinitas possibilidades de interpretação e ação nos últimos anos, é muito bem-vindo para nós designers.

RICO LINS

Designer, diretor de arte, ilustrador, diretor do RicoLins+Studio e do Espaço Fronteira

Como em outras áreas, as reflexões em torno da ideia de ser sustentável deram uma configuração mais palpável para os interesses de uma postura atenta aos contextos, aos resultados e às implicações de nossa atividade. Enfim, ao que acontece com as ideias e os projetos a que damos vida. Para muitos profissionais, talvez já fossem questões presentes. Um dia, esperamos que essas questões se ampliem na sociedade.

No caso do design gráfico, cuja cadeia produtiva não tem a amplitude de outras áreas, o viés sustentável se articula com mais força no discurso e na comunicação.

Sempre se viu o design como uma ferramenta de mercado. Mas a grande discussão está no terreno da cultura, que consolida e condiciona seu impacto social e em que a noção de identidade o integra e diferencia como atividade. Esse cenário exige do designer uma postura investigativa, olhando não apenas para seu próprio repertório, mas para o universo de informações oferecido pela sociedade. Mais do que encontrar respostas, temos de saber como formular perguntas. Não existem soluções mágicas, mas a permanente busca de soluções, ideias e inovação. Uma busca que afina o olhar do designer em relação à realidade.

Isso levanta algumas questões fundamentais para o designer, não só relativas à prática profissional, mas também a seu posicionamento criativo, sugerindo uma nova percepção sobre a questão autoral. A sustentabilidade se manifesta ao pensar o trabalho como uma forma de inclusão, uma ferramenta de compartilhamento ou gestão de conhecimento, que gera identidade e cultura. Estar aberto ao diálogo com os atores envolvidos, em um processo ativo de imersão, incorporando seus inputs, permite alcançar resultados mais autênticos e apropriados. A autoria passa a ser algo compartilhado, que assimila a dinâmica do contexto.

Nesse ambiente, o designer assume funções estruturais, organizando conteúdos, princípios e ideias para transformá-los em linguagem. Muitas vezes, ele é levado a coordenar

IDENTIDADE VISUAL
Pasta e fôlderes da empresa Rico Lins + Studio 3.
Design: Rico Lins

DIVULGAÇÃO/RICO LINS

grupos multidisciplinares, em que os diálogos são cada vez mais fronteiriços. Pelo caráter projetual intrínseco à atividade, o design trafega com certo conforto em abordagens transversais, com temas e conjunturas variados. Tem essa possibilidade justamente porque se articula, além do mercado, no terreno da cultura e da tecnologia.

O design assimila o pensamento sustentável de diversos modos. Em alguns projetos, é uma meta; em outros, está no processo, e às vezes é o próprio tema. No caso do projeto Linguagem Natura, definimos diretrizes para nortear toda a linguagem de comunicação da empresa, com base em conceitos visuais como o natural artístico, o branco como expressão de transparência, luminosidade e imperfeição e o uso de recortes da realidade, que traduzem uma abordagem inclusiva da empresa. Esses conceitos se originaram em dinâmicas com seus principais gestores para aferir, por meio de estímulos e referências visuais, a percepção que tinham da própria organização. O resultado mais interessante foi a possibilidade de gerar parâmetros visuais capazes de refletir a visão da empresa, alinhada à sustentabilidade, e inspirar a atitude de seus colaboradores por meio dos conceitos criativos da marca.

PROJETO FRONTEIRA
Identidade e materiais do projeto.
Design: Rico Lins

LINHA EKOS
Embalagens revelam a identidade da Linha Ekos, da Natura.
Design: Rico Lins

DIVULGAÇÃO/RICO LINS

LINHA EKOS
Cartazes e livro *Linguagem Natura*, com diretrizes, posicionamento e identidade da Linha Ekos, da Natura.
Design: Rico Lins

O relatório Relatório de Sustentabilidade de 2012 do Grupo Abril retoma a metodologia das oficinas, visando a tornar o projeto um espelho da discussão sobre o tema na instituição. Promovemos três workshops sobre sustentabilidade com grupos de 15 funcionários de diferentes áreas, nos quais os participantes eram estimulados a discutir sobre o tema e gerar conceitos visuais que ilustrariam o relatório. Nesse caso, a possibilidade de os colaboradores expressarem seu olhar sobre o tema em um material corporativo desdobrou-se em uma espécie de ação de educação corporativa, oferecendo uma forma de avaliar a dis-

PROJETO GURI
Identidade visual aplicada aos materiais do projeto.
Design: Rico Lins

cussão sobre sustentabilidade na organização, possibilitando o compartilhamento de ideias e a produção colaborativa entre diferentes pessoas do grupo, que se viram com um poder inesperado ao traduzir pensamentos em imagens.

A contribuição do designer para um cliente passa, com frequência, por ajudá-lo a definir suas próprias demandas, por uma questão de sustentabilidade da comunicação, do produto ou da marca. Muitas vezes, a encomenda de um logo pode encerrar uma necessidade mais abrangente e desafiadora. O Projeto Guri, por exemplo, ao se apresentar como um programa de educação musical para crianças e jovens da periferia, deixava de enfatizar sua real função de inclusão social, em que a música era uma ferramenta. Apesar de necessário, o desenho de um novo logo seria insuficiente para redefinir a percepção da vasta atuação do projeto. Para isso, mais do que um logo, era importante criar condições para que a comunicação adquirisse função estratégica, gerando dinâmicas sustentáveis para o Guri.

Foi criado um sistema aberto, com uma marca tipográfica e duas famílias de ding bats (música e comunidade), tendo por base elementos acessíveis para qualquer entidade envolvida no processo, para possibilitar, com base nos mínimos recursos digitais (escala CMYK e fontes de sistema, disponí-

veis em computadores básicos), a criação e impressão dos materiais de comunicação essenciais para as ações do projeto. Ao oferecer esses recursos e as diretrizes para seu uso no site, o projeto possibilitou a seus 400 polos espalhados pelo estado de São Paulo gerar suas próprias peças gráficas. Ao padronizar o modelo de comunicação de uma forma democrática e aberta, o projeto fortaleceu uma cultura própria e consolidou noções de identidade por seus participantes, permitindo que cada um construísse seu próprio logo. Esse processo, que ao mesmo tempo dá liberdade e organiza o discurso, coloca o designer diante de um novo paradigma autoral. Se, de um lado, ele perde o total controle sobre as expressões da marca, de outro, gera na organização a noção de pertencimento e potencializa, de forma dinâmica e sustentável, o papel da comunicação como o ativo fundamental que representa.

RUMOS

MARISA OTA

O design teve uma longa gestação no Brasil. Apesar de ouvirmos falar dele desde a década de 1960, até então era algo desconhecido e pouco praticado em nosso país.

MARISA OTA
Sócia-fundadora da Ota Design

Um conceito muito distante de nosso empresariado e, mais ainda, da população em geral.

Algumas iniciativas importantes foram tomadas por pioneiros no segmento, como a ABDI (Associação Brasileira de Desenho Industrial), primeira associação profissional de design do Brasil, fundada em 1963, e a Esdi (Escola Superior de Desenho Industrial), criada no mesmo ano, que foi determinante para a formação de gerações de profissionais. Entre muitos outros avanços, está a criação do NDI (Núcleo de Desenho Industrial), com Joice Joppert Leal, na Fiesp (Federação das Indústrias do Estado de São Paulo), na década de 1980, cuja atuação ajudou a difundir o design entre os empresários.

Entretanto, apesar de contribuir para os estudos sobre design, essas iniciativas efetivamente não conseguiram torná-lo presença significativa como uma atividade profissional e um área para se investir. Tivemos, portanto, um hiato que se prolongou até muito recentemente. É difícil estabelecer qual foi o ponto de inflexão, mas podemos afirmar que os últimos 15 anos foram de progresso contínuo na inserção do design na economia brasileira.

A despeito de nossa criatividade, de nossa maneira de ser e, por que não dizer, de nosso imenso esforço em acertar, o país patinava em uma economia errática, com inflação galopante e o nosso "jeitinho brasileiro", que era mais uma maldição do que uma qualidade. Nesse último período, aconteceu que o país, no conjunto de sua sociedade, foi capaz de se viabilizar economicamente. Conseguimos construir uma das economias mais equilibradas do planeta.

O Brasil agora tem importância, tem visibilidade. Temos algo mais do que apenas um bom futebol. Temos design de exportação. É claro que só a nossa economia não justifica esse boom do design brasileiro. Ele tem suas próprias qualidades: criatividade e originalidade, além da capacidade que nossos profissionais têm em lidar com os mais diversos materiais, com o uso de tecnologia simples e com uma riqueza

VIDROARTE
Design:
Eduardo Prado

DIVULGAÇÃO/EDUARDO PRADO

DIVULGAÇÃO/RENATO IMBROISI

CENTRO DE MESA
Oval com frisos, base de papelão.
Design: Domingos Totora

SANDÁLIA
Da linha Tira Orby.
Design: Ciao Mao

DIVULGAÇÃO/CIAO MAO

de matérias-primas sem similar no mundo. Acrescente-se que houve uma guinada significativa no Brasil no segmento de design-artesanato, com a dupla influência – e benéfica contaminação – dessas duas áreas de produção da cultura material.

Em nosso país, o design há muito tempo tem os olhos voltados para a tradição artesanal. E, ultimamente, o artesanato recebeu uma importante contribuição dos designers, que fizeram uma releitura inteligente do artesanato tradicional, salvando-o de um destino terminal, inserindo-o no mercado internacional, combinando formato comercial com respeito às mais caras tradições que esse artesanato carrega.

Foi a partir do trabalho (e sensibilidade) de designers como Renato Imbroisi, capaz de resgatar técnicas tradicionais quase esquecidas e prestes a desaparecer em nossa cultura, que esse casamento design-artesanato se fortaleceu. Com visão apurada para redescobrir ou inventar materiais e com a capacidade de somar as habilidades das pessoas, Renato implantou diversos programas para comunidades Brasil afora, até então sobrevivendo sem boas perspectivas. Além de Renato, nomes importantes fizeram

DIVULGAÇÃO/DOMINGOS TOTORA

parte dessa história, como Janete Costa, grande mentora dessa junção design-artesanato.

Paralelamente, surge outra vertente importante, uma nova forma de produção: o trabalho de profissionais que operam na interseção entre a arte e o design, aplicada a pequenas séries de produção ou mesmo a produtos únicos. Os Irmãos Campana chamaram a atenção dos críticos internacionais. Sem nenhuma influência estética de qualquer modelo, seus produtos absolutamente originais e com uma cara totalmente autoral e brasileira foram o nosso passaporte para o mundo.

O mercado, agora, volta o olhar para o capital intelectual, o conhecimento, a sustentabilidade, a consciência ambiental e a criatividade. Cresce a produção em segmentos em que a arte, o design e o artesanato se completam e se misturam de maneira inovadora, resultando em novas linguagens e novas sensações.

Artesãos que fazem design, designers que fazem artesanato, artistas plásticos que fazem design e designers que fazem arte. Vislumbramos aí um novo rumo do design, cheio de possibilidades e inovação.

PALHA
Trabalho com palha e mulheres africanas.
Design: Renato Imbroisi

JOIAS
Design: Bettina Terepins

RENATA MEIRELLES

ESTOLA PAUTA MUSICAL
Design: Renata Meirelles

PERFFECTA
Arquitetura, de Renata Rubim.
Design: Renata Rubim

DANIEL SORRENTINO/DIVULGAÇÃO RENATA RUBIM

DIVULGAÇÃO/ESTÚDIO MANUS

ACERVO BORSOI ARQUITETURA

JANETE COSTA
Uma das precursoras da utilização do design aliado ao artesanato.

OVO PLUMA
Peça de porcelana.
Design: Estúdio Manus

CADEIRA URBANA
Design: Fetiche

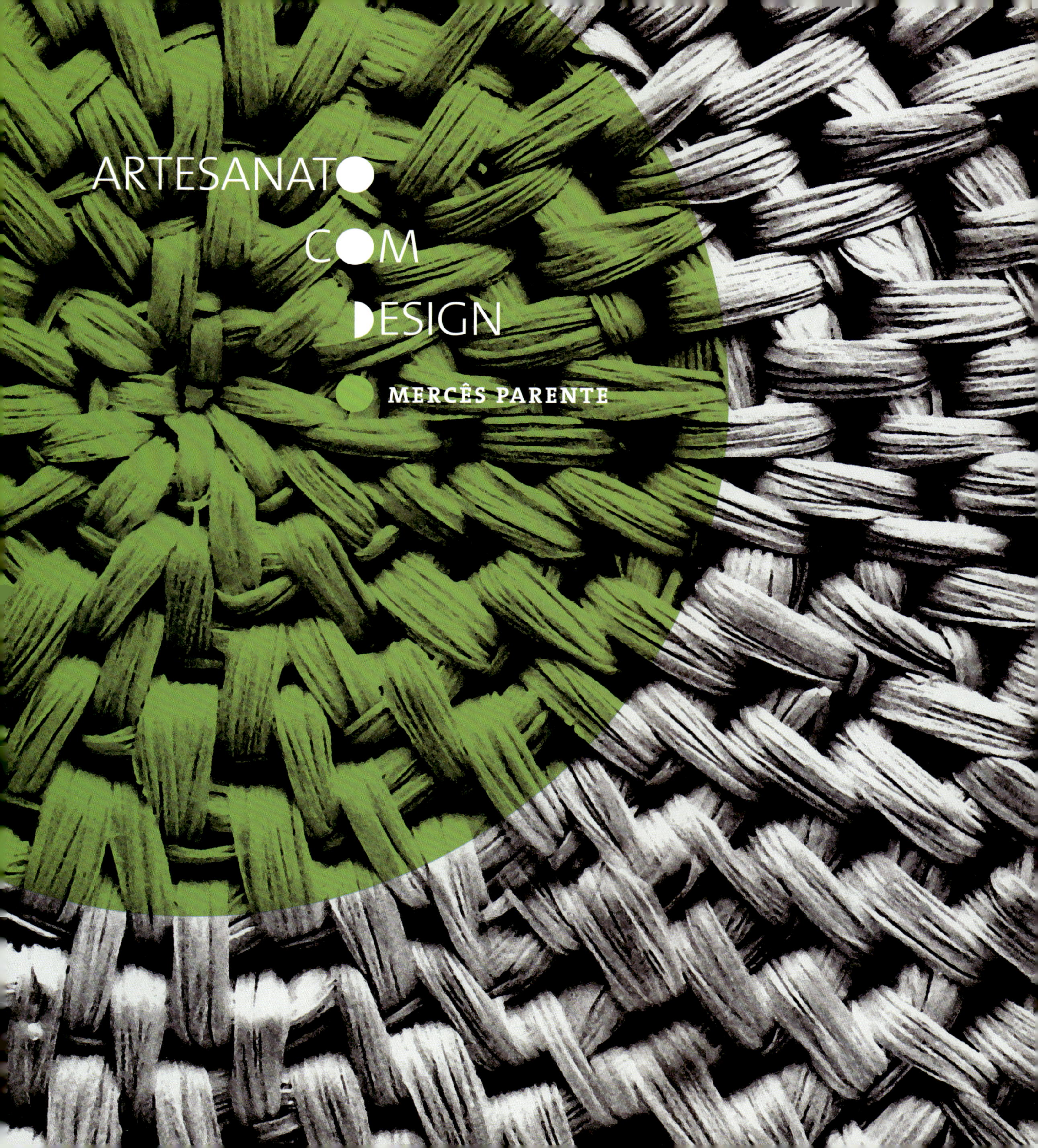
ARTESANATO
COM
DESIGN
MERCÊS PARENTE

O título, de forma satírica, tomo emprestado de um projeto para chamar atenção para a visão que reduz a estética contemporânea do objeto artesanal, que cria rupturas, dicotomias, estratifica, define status.

MERCÊS PARENTE
Consultora em artesanato e arte popular

CAPIM-DOURADO
Bolsas e chapéus em capim-dourado, matéria-prima originária da região do Jalapão, Tocantins.

Olhar para o objeto artesanal é buscar o contraponto e aguçar os sentidos para compreender a sutileza entre artes e ofícios tradicionais e indústria, artes decorativas ou aplicadas e design, entre tradição e inovação, entre homem e meio, a coexistência de diferentes estilos culturais, realidades sociais e econômicas extremamente diversas.

A proposta deste texto não é estabelecer categorias, mas compreender os contextos vividos pelos artesãos no país e a nova ordem internacional estabelecida. O artesanato brasileiro tem sido um desafio constante a todos que se interessam pela definição e consolidação do perfil cultural de nosso país. Sua riqueza, sua variedade, sua multiplicidade e criatividade propõem um espectro de abordagens infinito.

Há exatos 40 anos, iniciei meu trabalho com a questão artesanal. Fase rica e estimulante: muitos sonhos, discussões, debates e seminários. O perfil dos profissionais presentes a essas reuniões estava, então, restrito a antropólogos, sociólogos, folcloristas, enfim, pesquisadores no âmbito das ciências sociais com a preocupação particular de "registro", "estudo" e "análise" das expressões da cultura material no meio em que estavam sendo produzidas. Hoje, o segmento artesanal ganha espaço em fóruns interdisciplinares, estendendo o debate às mais diversas áreas do conhecimento.

As duas formas de abordagem são complementares, necessárias. A primeira é a que fornece os registros e conhe-

Este texto teve sua primeira versão preparada para o Fórum Internacional Design e Diversidade Cultural, em Florianópolis, SC, com o título "Design para o setor artesanal".

cimentos que constituem o lastro para a resistência às formas de dominação externas sofridas pela atividade artesanal em virtude das rápidas mudanças que vêm ocorrendo nesse curto espaço de tempo. A segunda – a visão transdisciplinar – é a que permite que o universo da produção artesanal não seja visto mais como apenas circunscrito aos aspectos da produção cultural, embora essa seja a sua essência. Não há mais espaço para a observação longínqua, segundo os critérios estéticos, materiais, lúdicos, poéticos, folclóricos e exóticos.

O que dizer dos aspectos humano e social? Como esquecer e equacionar a relação artesão-seus produtos-seus problemas? Deveríamos persistir com a visão romântica dominante de olhar a rendeira sentada no chão batido do terreiro de seu casebre, trocando bilros, tecendo esperas? Os ceramistas, reumáticos por causa das condições de seus locais de trabalho, criando artrites pelo esforço de sovar o barro, umedecendo o rosto com o suor da boca do forno? A tecedeira, que castiga seu corpo com movimentos bruscos e rápidos do liço e dos pedais do tear, tramando sonhos? É a queimadura do fogo, do Sol, é a picada do espinho, da mata... produzindo o belo.

Mas há o fundamental, a vida; e dentro dela a tendência à perfeição, eterno valor humano. A partir da existência da vida, encadeiam-se compromissos que são lógicos, sequenciais e inevitáveis. Há uma mudança de atitude diante da questão, dada a complexidade do mundo moderno, que resiste à atividade artesanal. Os blocos econômicos protecionistas, a internacionalização da economia, a hegemonia dos meios de comunicação, a informática, os acordos internacionais e as medidas nacionais de preservação e conservação do ambiente, entre outros, são aspectos que, de diferentes maneiras, determinam um ciclo de ajustes diante das novas exigências das formas de produção e organização do trabalho, do uso das matérias-primas, da circulação do produto e seu consumo final. É preciso compreender que a produção artesanal deve ser abordada dentro de uma visão sistêmica, tecendo uma rede com trama complexa de atividades, ações, responsabilidades e intervenções que determinam níveis de agregação, parcerias e qualificações técnicas impossíveis de serem atendidas por indivíduos e organizações de forma isolada. O trabalho é uma construção social, histórica e coletiva.

GARRAFAS
Garrafas com desenhos formados por areias coloridas fazem parte do artesanato típico do litoral do estado do Ceará e requerem uma técnica transmitida de geração em geração pelos artesãos. Sais de banho compostos e embalados por meio dessa técnica adquirem de imediato a marca distintiva de produto brasileiro.

Trago esses questionamentos e reflexões iniciais para chegar aos ajustes que devem se dar no âmbito dos governos, das organizações sociais, dos organismos multilaterais, dos profissionais que atuam nesse universo. Como devemos atuar e quais os instrumentos que devemos colocar à disposição da sociedade como elementos imprescindíveis à harmonização do setor artesanal e à dignificação do artesão? O ponto de partida para responder a esses questionamentos surge quando definimos o papel do próprio Estado, na perspectiva de apoio efetivo ao setor artesanal. Assim, parte de uma crítica essencial ao formato centralizador é compreender que a ação interinstitucional dos vários setores governamentais que tangenciam a atividade artesanal deve ser estimulada, reafirmando que a solução é pensar o homem como centro e o produto artesanal como forma radicalmente marcada pela função catalisadora dos traços da identidade cultural. Dessa perspectiva, o recorte na realidade se estabelece, dentre outras possibilidades, no diálogo e na mediação entre organizações e artesãos e profissionais e artesãos.

PALHA
Palha de milho usada como suporte para embalagens.

O papel do profissional do design, constata-se, pode ser essencial para o aprimoramento tanto do processo de produção como da integração do artesão ao sistema econômico e social. Ele deve atuar para o aprimoramento do produto, das técnicas de produção e da comercialização, elevando o grau de cidadania do artesão, e estimular a perpetuação e o aperfeiçoamento de formas de produção que refletem a multiplicidade do perfil cultural brasileiro e a sensibilidade do espírito criador do povo, que constituem uma das diversas faces de nossa identidade. Esse é um diálogo que pode ser profícuo, especialmente quando se evita a apropriação pura e simples dos saberes e produtos dos artesãos para criações ou componentes de produtos.

Destaca-se, também, nesse processo de diálogo e mediação, que a capacitação fragmentada das formas tradicionais de transmissão das técnicas e dos processos exige, agora, uma ação sistemática de formação de novos artífices. Muitas técnicas podem ser beneficiadas

SOUSPLAT
Sousplat trançado em palha de milho.
Design: Associação Mãos Gaúchas – RS

PANELA
Panela de cerâmica elaborada pela Associação das Paneleiras de Goiabeiras, Espírito Santo. Os conhecimentos e as técnicas envolvidas no processo de produção dessas panelas foram registrados como patrimônio imaterial brasileiro.

CANOA
Canoa de tradição indígena, mantida pelos pescadores do litoral brasileiro, feita de um único tronco de árvore.

por novos instrumentos ou processos mais modernos de produção, sem perder as características do produto artesanal e sem a nefasta orientação de modelos e padrões industriais, determinados por tendências efêmeras do consumo de massa.

Dessa forma, há uma larga margem de flexibilidade para que todos os segmentos da sociedade, em perfeita interação, participem da construção cultural do país. Assim, não nos cabe estabelecer a trajetória dos profissionais de design nos meandros do fazer artesanal. Sabemos que suas reflexões e seu atuar específico e competente estão sempre presentes na construção de nossa utopia. E é dentro desse quadro de vida, de paixão, que delineamos um caminho conjunto, solidário, na direção do homem, tanto para permitir a continuidade de sua produção autêntica como para ajudá-lo em sua dinâmica de construção social.

5

DESIGN COMO POLÍTICA

CIDADES CRIATIVAS

ANA CARLA FONSECA

Nos últimos 20 anos, as cidades se tornaram mais adjetivadas do que nunca: cidades inovadoras, cidades digitais, cidades-aprendizes, cidades educadoras, cidades inteligentes, cidades sustentáveis e, como cabe a este artigo, cidades criativas.

ANA CARLA FONSECA
Sócia-diretora da Garimpo de Soluções

ANA CARLA FONSECA

SÃO PAULO, SP

Pense na Roma do início do primeiro milênio, na Paris da virada para o século XIX ou na Florença do século XVIII. O que esses lugares têm em comum? Efervescência cultural, inovações, poder de influência sobre o resto do mundo e poder de atração dos maiores talentos? Todas essas foram cidades que se projetaram sobre sua criatividade e tornaram-se centros de referência à sua época. E hoje, quais cidades criativas lhe vêm à mente? Londres? Nova York? Barcelona? Ou, trazendo para o nosso contexto, São Paulo, Rio de Janeiro, Recife?

Cidades criativas, grandes ou pequenas, mais ou menos conhecidas, têm a capacidade de se reinventar continuamente, com base em sua criatividade. Para isso, independentemente de sua escala, de seu contexto socioeconômico ou de sua história, compartilham três características principais: inovações, conexões e cultura.

As inovações não são apenas tecnológicas, mas também as de processos, modelos de negócios, sociais, culturais. Inovações consistem em criatividade posta em prática; são o resultado de uma mudança de olhar, para ver o que outros não

CARTAGENA, COLÔMBIA

ANA CARLA FONSECA

viam ou antever o que nem estava lá. Inovar requer o olhar típico do design – do redesenhar, do imaginar o que poderia ser e ainda não é e, assim, transformá-lo em realidade. Via de regra, no âmbito urbano, as inovações servem para incrementar a qualidade de vida, seja resolvendo um problema prático seja transformando a cidade em um espaço mais agradável ao convívio.

As conexões são as mais variadas: entre público e privado, entre local e global, entre passado e futuro (como projetar o futuro sem entender seu passado?) e, crucialmente, entre uma e outra área da cidade.

Uma cidade é, por definição, um sistema integrado de partes, não um arquipélago de bairros isolados e estranhos uns aos outros, embora não raro as coisas assim se configurem. Questões várias nos levam a circular por pedaços muito restritos do espaço urbano: desigualdades, dificuldades de mobilidade, concentração socioeconômica. Com isso, o mapa mental que cada habitante constrói da cidade é muito menor do que seu mapa real – e, o que é pior, os mapas individuais não se cruzam, não se sobrepõem. A cidade, que

GUARAMIRANGA, CE

CARMO DO RIO CLARO, MG

deveria ser una, passa a ser esquizofrênica. Cidade criativa é cidade compartilhada. Cidade criativa é cidade que bebe de diversidades. Para essas diversidades se encontrarem, é preciso redesenhar os mapas mentais e afetivos dos cidadãos, expondo-os ao novo, promovendo o acesso a áreas desconhecidas, proporcionando-lhes novas experiências.

Por fim, cultura. Não apenas pelos valores compartilhados, pela identidade, pelos códigos, por si só fundamentais, mas também pelo impacto econômico da cultura (os teatros em Nova York, os museus na França, o entretenimento em São Paulo, o audiovisual no Rio de Janeiro) e por contribuir para a formação de um ambiente propício à criatividade. Afinal, se para ser criativo é preciso beber das fontes da diversidade e experienciar sensações novas, a cultura é imprescindível em uma cidade que se quer criativa. E aqui, novamente, o design tem papel preponderante.

Que o digam o Festival Internacional de Design, em Londres, ou o Centro Metropolitano de Diseño, em Buenos Aires. Para ambos, o design deve transvasar as paredes dos pavilhões, ateliês e lojas e ocupar as ruas, provocando novos

ANA CARLA FONSECA

IGUAPE, SP

LISBOA, PORTUGAL

SÃO FRANCISCO, EUA

FOTOS: OTÁVIO NAZARETH

ISTAMBUL, TURQUIA

olhares de quem mora ou passa pela cidade. Para isso, vale provocar a criatividade com propostas inusitadas de mobiliário urbano, organizar atividades de rua, envolver estudantes e profissionais de design, artes e arquitetura em concursos para releituras da cidade, promover intervenções artísticas que engendrem o engajamento da população com seu espaço. A cidade criativa promove o lúdico. É impossível ser criativo quando se está de mau humor.

Muitos me perguntam como transformar a cidade em uma cidade criativa. Isso não se faz de cima para baixo, por decreto público, nem criando um slogan de city marketing. O processo de reinvenção da cidade, para ser sólido e longevo, deve partir do mapeamento das singularidades de cada um de seus bairros e da criação de um ambiente que permita a essa criatividade aflorar e converter-se em inovação. Assim como a economia criativa parte de seus diferenciais para

LONDRES, REINO UNIDO

PARIS, FRANÇA

PARIS, FRANÇA

agregar valor a produtos e serviços não facilmente copiáveis, a cidade criativa se baseia em suas singularidades para se diferenciar diante do mundo e formar um ecossistema favorável à criatividade de seus talentos. Uma cidade criativa torna-se referência para os outros a partir do momento em que valoriza, nutre e dá vazão à criatividade de seus habitantes; ela atrai novos talentos por decorrência, não por causa.

Essa simbiose entre cidade criativa e economia criativa tem motivado, em países tão diversos quanto África do Sul e Noruega, Taiwan e Colômbia, a formação de parcerias entre público, privado e sociedade civil. Em um momento em que a economia global se torna cada vez mais concorrencial e as cidades atravessam crises de insustentabilidade, o casamento entre economia criativa e cidade criativa tem-se apresentado como uma dupla solução – serve à satisfação pessoal e à profissional de um povo que se orgulha de ser criativo. ●

TALLINN, ESTÔNIA

FOTOS: ANA CARLA FONSECA

RIGA, LETÔNIA

SHEFFIELD, REINO UNIDO

A RELAÇÃO ENTRE O ESPAÇO URBANO E A SOCIEDADE

LUCIANO GAMA

São Paulo é a cidade mais desenvolvida do Brasil em termos de economia e infraestrutura; porém, questões como acessibilidade urbana e requalificação de espaços públicos ainda não são temas relevantes em nosso dia a dia.

LUCIANO GAMA

Economista e consultor em políticas públicas

É preciso que entrem na pauta de discussão com a sociedade, levando em conta o conceito de economia criativa, que comprovadamente vem mudando para melhor a vida das pessoas em importantes metrópoles do mundo.

A contribuição da economia criativa para o desenvolvimento de nosso país envolve a construção de espaços públicos adequados, pensados para o bem-estar do cidadão. Os equipamentos públicos devem considerar tanto a função como a forma, despertar o sentimento de propriedade e pertencimento, fazendo que a população preserve e se orgulhe de seu patrimônio público.

É evidente que assuntos como saúde, educação e transporte de massa têm sempre prioridade, mas garantir a circulação das pessoas de maneira segura nas vias também contribui para a qualidade de vida. Prover e manter um mobiliário urbano adequado é permitir que as pessoas se apropriem de maneira democrática e saudável dos espaços urbanos. Vivemos em uma metrópole tão avassaladora que esquecemos que o bem-estar pode ser encontrado nas pequenas coisas, como andar no parque, em calçadas dignas e acessíveis ou em pontos de ônibus modernos, equipados com lixeira, iluminação e aparatos eletrônicos de informação aos usuários, como acontece nas capitais mais avançadas do mundo.

Muito se fala em acessibilidade de pessoas com necessidades especiais, e há muito a fazer nesse campo, sem dúvida. Entretanto, é importante ressaltar que o conceito de acessibilidade urbana é bem mais amplo, expressando a capacidade que a cidade tem de manter o contato de seus habitantes com produtos, serviços e informação.

Conforme pesquisa do Metrô de São Paulo, em 2007 ocorreram mais de 23 milhões de viagens por dia na cidade, justamente para acessar trabalho, ensino, serviços e produtos. Desse total, mais de 7 milhões foram realizadas a pé, em deslocamentos superiores a 500 metros. Mesmo nas viagens motorizadas,

ACERVO CARLOS SCHELIGA

NOVAS CALÇADAS LARGAS
Na parte antiga de Seul, Coreia do Sul.

PREFEITURA DE LONDRES
Em antiga área portuária revitalizada, Reino Unido.

RIO CHEONGGYECHEON
Recuperado, passando pelo centro de Seul, Coreia do Sul. O que antes era um rio morto e fétido se transformou em área de lazer.

o acesso aos meios de transporte público é geralmente feito a pé e a acessibilidade nesses trajetos deve ser garantida.

As administrações de grandes cidades têm se debruçado sobre esses objetivos e, lançando mão das ferramentas do design, da arquitetura e do urbanismo, promoveram relevante evolução na relação do espaço urbano com o cidadão, tornando-se admiradas no mundo todo. Porém, para promover uma vida digna aos cidadãos e garantir o bom funcionamento dos serviços públicos, é fundamental recuperar e requalificar o tecido urbano das cidades continuamente. A administração pública deve trabalhar de maneira eficaz e articulada. É inacreditável que tenhamos tantos órgãos públicos fazendo as mesmas coisas e competindo entre si em suas atribuições. Quando os problemas aparecem, quem assume a responsabilidade?

É preciso repensar a gestão das cidades, integrando ações para torná-las um lugar não só agradável, mas racionalmente habitável.

A disciplina do design de serviços pode contribuir de forma determinante ao deslocar o foco de servir à burocracia para a construção de soluções eficazes e eficientes para o

ACERVO CARLOS SCHELIGA

PARQUE LINEAR DE LAZER
Às margens do agora despoluído rio Han, em Seul, Coreia do Sul.

ACERVO CARLOS SCHELIGA

cidadão. Com o advento da rede mundial de computadores, diversos serviços públicos poderiam estar disponíveis remotamente, ou seja, com práticas mais sustentáveis, geramos economia e evitamos as despesas de um modo geral.

Também relevante é a necessidade de efetuar uma radical mudança na lógica da ocupação do solo nas cidades. Durante o século XX, as cidades foram se expandindo e com elas a especulação imobiliária foi expulsando para longe do centro as populações mais carentes, impondo àqueles menos favorecidos as maiores dificuldades de acesso a trabalho, ensino e serviços. Cabe ao poder público estabelecer políticas e programas que tornem as cidades mais compactas, aproveitando-se da infraestrutura já existente e atraindo investimentos para regiões com baixa oferta de empregos, criando zonas de atividades econômicas em várias áreas das cidades, otimizando o acesso a esses serviços.

Com o apoio dos agentes públicos e a experiência dos grupos representativos da economia e da indústria criativa, faremos de nossa São Paulo uma cidade melhor e mais bonita para se viver. ●

PARQUE HIGHLINE
Em Manhattan, feito sobre linha elevada de ferrovia desativada que corta cerca de 20 quadras, Nova York, EUA.

PONTE DO MILÊNIO
Sobre o Rio Tâmisa, Londres.

RUA PIETONAL
Em zona portuária revitalizada, Londres.

O DESIGN A FAVOR DOS CIDADÃOS

CARLOS EDUARDO SCHELIGA

Os espaços públicos de uma cidade merecem ser planejados com as mesmas intenções que um designer tem ao conceber um novo produto, ou seja, com foco no usuário, neste caso, o cidadão.

CARLOS EDUARDO SCHELIGA

Presidente da ADP – Associação dos Designers de Produto

É preciso levar em conta as necessidades dos habitantes, ao mesmo tempo em que se analisa a viabilidade da execução dos projetos, considerando a relação custo-benefício e, principalmente, a usabilidade no dia a dia da população.

A contribuição do design pode ser muito maior do que sua relevância como atividade econômica. É um mecanismo que as cidades têm para reinventar espaços públicos, construir e transformar a paisagem urbana, valorizando a mobilidade e a sustentabilidade das cidades. O design e a economia criativa também podem contribuir para a recuperação de espaços urbanos. Isso já é fato em grandes centros como Barcelona, Londres, Sidney e Seul, e também em pequenas cidades, as quais têm despertado para a valorização de vocações em compasso com as indústrias criativas para dinamizar a economia, atraindo investimentos e gerando receitas.

Portanto, o design é fundamental para tornar as cidades mais funcionais, amigáveis, eficientes e bonitas, promovendo a interface e integração com o cidadão. Para democratizá-la é necessário estabelecer políticas públicas locais, estaduais e nacionais que insiram o design e a economia criativa na pauta das administrações. ●

ESTAÇÃO DA CPTM

CARLOS EDUARDO SCHELIGA/MONALISA LINS/ RENATA ANGERAMI

ESTAÇÕES DA CPTM
As estações da CPTM, ao longo da marginal Pinheiros, em São Paulo, SP, são exemplos de soluções urbanísticas criativas, que marcam positivamente o cenário da cidade. As estações têm projetos distintos, mas harmônicos entre si.

CARLOS EDUARDO SCHELIGA/MONALISA LINS/ RENATA ANGERAMI

BIBLIOTECA DE SÃO PAULO
A Biblioteca de São Paulo é o principal equipamento urbano do Parque da Liberdade, na Zona Norte de São Paulo, SP, instalado onde antes funcionava o Complexo Penitenciário do Carandiru. A biblioteca é a principal expressão da reconfiguração do espaço urbano local.

CURITIBA, REFERÊNCIA MUNDIAL EM URBANISMO

Quando o assunto é planejamento urbano, a cidade de Curitiba é referência nacional e internacional.

O nome do ex-prefeito Jaime Lerner, que esteve no cargo por três mandatos, foi duas vezes governador do estado e hoje é consultor da ONU (Organização das Nações Unidas) para assuntos de urbanismo e autor de projetos para prefeituras ao redor do mundo, vem inevitavelmente à tona. Arquiteto, descendente de judeus poloneses, Lerner sempre enxergou as cidades como organismos que precisam de uma estrutura de crescimento adequada, ou seja, com desenhos capazes de integrar economia e gente.

Em 1972, ele ousou fazer uma obra controversa: o calçamento de uma das principais vias do Centro, que se tornou de circulação exclusiva para pedestres, a rua XV de Novembro, batizada nos tempos da República de rua das Flores, nome então retomado ao pé da letra com a instalação de múltiplas floreiras. Enquanto outras cidades investiam em grandes obras viárias para automóveis, Curitiba privilegiava a circulação de pedestres, proporcionando um crescimento tangencial à região central, viabilizando uma readequação geográfica do binômio casa-trabalho.

Outra referência urbanística, adotada por quase uma centena de centros urbanos no planeta, foi o sistema de transporte inteligente, implantado em 1974, na gestão Lerner. Inicialmente destinado a 25 mil passageiros por dia, atende hoje mais a de 2 milhões de usuários. Com vias expressas para a circulação de ônibus, estações-tubo e canaletas, o sistema agiliza o transporte urbano municipal, de forma integrada e eficiente, e é financeiramente autossuficiente. A recente adoção do maior ônibus do mundo como novo padrão e o estabelecimento de um Centro de Controle Operacional, que

RICARDO ALMEIDA

PARQUE SÃO LOURENÇO

ORLANDO KISSNER

VALDECIR GALOR

BOSQUE DO ALEMÃO

JARDIM BOTÂNICO
Onde estão o Museu Botânico e a estufa da cidade.

LUIZ COSTA

ESTAÇÃO DE ÔNIBUS
Santa Bernadethe.

monitora o trânsito em tempo real, com comunicação on-line com motoristas, são algumas das inovações que mantêm a capital paranaense como uma referência em transporte coletivo. O pioneirismo do BRT (Bus Rapid Transit) tem atraído a atenção mundial, tanto que a Urbs, empresa que gerencia o sistema, mantém uma rotina de apresentações técnicas para delegações do mundo inteiro.

A alcunha de "capital ecológica do Brasil" deve-se à implantação de vários parques públicos ao longo dos anos, fazendo o índice de áreas verdes saltar de 0,5 para 50 metros quadrados por habitante. E, quando as questões de sustentabilidade ainda não eram citadas nas agendas públicas, a prefeitura proibiu a instalação de indústrias na cidade para evitar a poluição. A solução adotada foi a criação da CIC (Cidade Industrial de Curitiba), área destinada exclusivamente a tais empreendimentos.

Com exemplos assim, Curitiba mostra ao país e ao mundo como é possível ir contra mazelas urbanas que, por sua complexidade, parecem intransponíveis.

ORLANDO KISSNER

PARQUE DO TANGUÁ

MAURILIO CHELI

PANORAMA
Da Linha Verde de Curitiba.

ÔNIBUS
Biarticulado característico do transporte público em Curitiba.

BRUNNO COVELLO

CESAR BRUSTOLIN

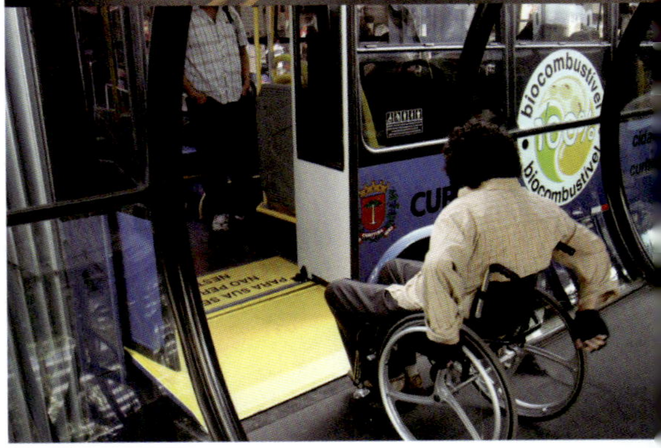

Zacarias
CASA
BAHIA
OURO
Santander
internet brasileira,
globoesporte.com

A CIDADE DESNUDA

O dia 1º de janeiro de 2009 foi histórico para a cidade de São Paulo. Entrava em vigor a Lei Cidade Limpa, para mudar radicalmente o cenário paulistano, reordenando – e, em alguns casos, proibindo – elementos estéticos com potencial poluidor da paisagem urbana, como letreiros, placas e outdoors.

Tudo começou com um projeto desenvolvido pela Emurb (Empresa Municipal de Urbanização) com o propósito de diminuir o caos visual na quarta maior capital do mundo e, assim, melhorar a qualidade de vida da população de 11 milhões de habitantes.

No texto dos 57 artigos da lei estava expressa a proibição de todo o tipo de publicidade externa – outdoors, painéis em fachadas de prédios, backlights e frontlights –, com exceção para aquela veiculada em táxis, ônibus, bicicletas e fachadas. Encaminhada pela administração do prefeito Gilberto Kassab, a lei foi aprovada pela Câmara Municipal de São Paulo com um placar histórico, 45 votos a favor e 1 contra, deixando clara a popularidade conquistada pela proposta. Uma das principais responsáveis pelo projeto, Aparecida Regina Lemos, diretora de Meio Ambiente e Paisagem Urbana da Emurb, chegou a declarar na época: "Parecia mágica. Deu medo de acordar e descobrir que era tudo um sonho".

A nova legislação mudou paradigmas no setor de publicidade e propaganda, fazendo que as verbas publicitárias migrassem para outras mídias. Um decreto-lei esclareceu os novos procedimentos que deveriam ser adotados nas fachadas comerciais, restringindo as dimensões de anúncios de acordo com a área dos estabelecimentos. Todos os comerciantes tiveram de se adaptar às novas regras, sob o risco de pagarem multas que podiam chegar a 10 mil reais, e ao dobro do valor em caso de reincidência. Embora não haja um número exato do volume de material que saiu de circulação, calcula-se que 23 mil peças grandes, como outdoors, foram retiradas da cidade. As subprefeituras ficaram encarregadas

INOVADOR E POLÊMICO
A Lei da Cidade Limpa (Lei 14.223/06) entrou em vigor na cidade de São Paulo em 2007 com o objetivo de combater a poluição visual. A informação visual em peças publicitárias, fachadas e locais públicos foi redimensionada e o impacto na paisagem urbana ficou evidente. Premiado IDEA/Brasil 2009 – Categoria Ambientes.
Design: Aparecida Regina Lopes Monteiro – Emurb

da fiscalização. Apesar da contrariedade e rejeição iniciais por parte de alguns comerciantes e anunciantes, a adesão foi unânime, bem como o apoio da população. Noventa por cento dos paulistanos aprovaram a iniciativa.

São Paulo deu um exemplo para outros municípios brasileiros onde a poluição visual já se tornou rotina, tornando-se referência nacional e internacional, e assistiu à implantação do modelo em outras cidades. Em pouco tempo, transformações visíveis tomaram conta de ruas, avenidas, praças e espaços livres da maior cidade brasileira. As pessoas voltaram a ver os contornos de fachadas, antes escondidas atrás de outdoors, e os monumentos reapareceram aos olhos do público. De outro lado, a degradação urbana também veio à tona, além dos esqueletos de ferro e ma-

deira, que antes davam vida a sonhos de consumo. Contra tais efeitos negativos, a prefeitura deu descontos de até 100% sobre o IPTU para os comerciantes que se dispusessem a fazer melhorias em suas fachadas.

O Projeto Cidade Limpa foi premiado nas categorias Ambiente e Estratégia de Design no Prêmio Idea/Brasil 2009, consagrando-se como uma iniciativa que uniu vontade política e planejamento urbano.

A segunda etapa do projeto prevê a realização de uma pesquisa sobre como a cidade aparece no imaginário da população, o que servirá de subsídio para futuras intervenções.

PROJETO GRÁFICA URBANA

Policromia revitaliza o Bixiga. Uma consequência interessante da Lei da Cidade Limpa foi a atração de investimento de marcas para o embelezamento da cidade, visando a valorizar seu patrimônio histórico, cultural e comercial.

Uma delas foi a Tudo de cor para São Paulo, primeira etapa do projeto Tudo de cor para você, idealizado pelas Tintas Coral, com o objetivo de levar mais cor e alegria à vida das cidades.

O primeiro bairro escolhido na capital paulista foi o tradicional Bixiga, conhecido por suas cantinas e casas noturnas e por abrigar a sede de uma das mais importantes escolas de samba paulistanas, a Vai-Vai. O local definido foi a rua Conselheiro Ramalho, entre as ruas Rui Barbosa e Treze de Maio.

Cores vibrantes como azul-mergulho, bala de cereja, vermelho vitoriano e verde costeiro foram escolhidas pelo arquiteto Bruno Padovano para as tintas doadas pela Coral. Ao associar as tradicionais cores do bairro – verde, branco e vermelho da bandeira italiana – com outras possibilidades cromáticas, o resultado foi uma rica policromia, em sintonia com a diversidade de interesses dos comerciantes e moradores locais. Ao todo, 20 imóveis foram pintados, com a utilização de mais de 2 mil litros de tinta.

GRÁFICA URBANA
Fachadas das residências e do comércio do bairro paulistano do Bixiga. Premiado IDEA/Brasil 2010 – Categoria Ambientes.
Design: Suzana M. Sachi Padovano

ASSOCIAÇÃO OBJETO BRASIL

PROJETO DE PINTURA

Pintura das fachadas das residências e do comércio do bairro paulistano do Bixiga, integrado ao projeto Tudo de cor para São Paulo. O conceito do projeto procurou associar as cores tradicionais do bairro – verde, vermelho e branco da bandeira italiana – com outras possibilidades cromáticas. Premiado IDEA/Brasil 2010 – Categoria Ambientes.

Design: Suzana M. Sachi Padovano

Essa etapa do projeto, no Bixiga, foi batizada pela Padovano Arquitetura com o nome de Gráfica Urbana. A iniciativa conquistou o ouro no Prêmio Idea Excellence Awards, nos Estados Unidos, e o bronze no Prêmio Idea/Brasil, ambos em 2010.

O projeto Tudo de cor para você, criado em 2009, usou mais de 370 mil litros de tinta para renovar cerca de 2 mil imóveis em cidades de diferentes regiões brasileiras. Além de São Paulo, figuram na lista Rio de Janeiro, Salvador, Itajaí, Olinda, Ouro Preto, Porto Seguro, Porto Alegre, Florianópolis, Fortaleza e Paraty. A proposta combate a degradação de áreas e patrimônios históricos e promove alegria e descontração ao unir moradores e funcionários voluntários da Coral na operação de pintura. O ciclo sustentável é complementado pelo treinamento e capacitação de pintores que morem nas comunidades beneficiadas. Em 2011, o Tudo de cor para você foi um dos vencedores do Prêmio Marketing Best Sustentabilidade, iniciativa que reconhece as melhores práticas sustentáveis das companhias no país.

FOTOS: ASSOCIAÇÃO OBJETO BRASIL

AS BICICLETAS LARANJAS

Uma tecnologia de cinco séculos,
porém, mais atual do que nunca.
Engenhosa, limpa, saudável,
prazerosa, democrática
tanto em termos econômicos
como na idade dos usuários.

Na agenda de sustentabilidade das cidades contemporâneas, a bicicleta tem-se tornado muito mais do que uma opção de lazer para os fins de semana. Por não poluírem, reduzirem o número de veículos nas ruas e, por conta disso, os engarrafamentos e o número de estacionamentos, as "magrelas" estimulam uma convivência mais saudável com o espaço público e humanizam a vida nas cidades.

Em várias metrópoles do planeta, a integração da bicicleta à malha urbana já é uma tradição, despontando cada vez mais como um meio de transporte para pequenos percursos, que facilita o deslocamento da população em territórios nos quais o trânsito vem se tornando um problema de proporções inimagináveis.

Primeiro sistema a implantar o empréstimo gratuito de bicicletas públicas em grande escala, em 2007 o parisiense Velib inseriu um novo ingrediente nesse cenário. Ele permite aos usuários uma integração inédita com outros meios de transporte, uma vez que podem pegar a bicicleta em um ponto e dispensar em outros tantos. O resultado foi uma mudança significativa de comportamento da população, além do deleite de turistas, que rapidamente transformaram os passeios de bicicleta em uma atração requisitada. Hoje, é impossível circular por Paris sem esbarrar com uma Velib.

Nos anos seguintes, várias cidades do mundo se apropriaram do modelo implantado pelo Velib e, depois de uma tentativa malsucedida em 2009, dois anos depois as bicicletas públicas finalmente chegaram ao Rio de Janeiro. Em moldes parecidos com o equivalente francês, o sistema Bike Rio ganhou as ruas e integrou-se aos cartões-postais da Cidade Maravilhosa, ainda com um componente adicional: o patrocínio do Banco Itaú, que trouxe as bicicletas laranjas. Para o banco, que já vinha forçando em outras ações a autonomia de representação de sua imagem pela cor institucional, foi uma bela cartada. Agora, se as bicicletas deixaram a paisagem carioca mais colorida, com uma mensagem

LARANJA
O Banco Itaú patrocina o sistema de bicicletas públicas nas cidades do Rio de Janeiro e de São Paulo, e as bicicletas são identificadas por sua cor institucional, o laranja.

DENISE ANDRADE

SÃO PAULO
Estação do Bike Sampa na Vila Mariana, bairro em que foi instalada a operação-piloto do serviço. Detalhe do mapa nas estações do Bike Sampa, indicando as demais estações ativas e, também, as previstas.

agregada de sustentabilidade, apoio à mobilidade urbana e qualidade de vida, é o "laranja-Itaú", principal elemento de design da marca, que porta essa bandeira.

Somado a isso, as bicicletas apareceram como uma solução alternativa de presença da marca no espaço urbano diante do impacto direto que grandes anunciantes do país – como o Itaú – têm sofrido com as restrições à publicidade no espaço urbano. Em São Paulo, aonde as bicicletas laranjas chegaram em 2012 e tiveram seu patrocínio disputado por outras marcas, o Itaú perdeu recentemente, com a Lei da Cidade Limpa (e sem abrir mão de um longo imbróglio judicial), por exemplo, seu clássico relógio, que pairava sobre a cidade do alto do tradicional Edifício Conjunto Nacional.

Com 55 estações instaladas no Centro e na Zona Sul da cidade, o sistema carioca, após sete meses de operação, já contabilizava mais de 70 mil cadastrados, 600 mil viagens (5 mil por dia) e nenhum caso de vandalismo ou furto. Mais cinco estações serão instaladas nos próximos meses e já há estudos para ampliações do sistema. Moradores de outros bairros reivindicam o serviço. Os ciclistas cariocas ainda esbarram no número limitado de ciclovias, em ruas estreitas,

GUSTAVO RAMPINI

RIO DE JANEIRO
Estação da Bike Rio no calçadão da praia de Ipanema.

no trânsito caótico e na falta de uma convivência harmônica com motoristas. Mas o Bike Rio deu novo ímpeto à causa e, definitivamente, estimulou o aumento do número de ciclistas pedalando pela cidade. Em um cenário ideal, o mesmo acontecerá em São Paulo e em outras cidades em que o serviço venha a ser instalado.

Trata-se, sem dúvida, de um notável case de associação de marca à oferta de um serviço relevante, em parceria com o poder público, com exercício de responsabilidade ambiental pelo patrocinador. Uma grande oportunidade para a marca contribuir de forma efetiva na implementação de soluções necessárias e merecidas pelas cidades, e ter visibilidade e reconhecimento públicos por isso. Por fim, uma ação de publicidade em que o design aplicado de forma simples é o grande diferencial. ●

6

DESIGN DA CIDADE,

DESIGN PARA A CIDADE

O PAPEL DO DESIGN NO SAPIENS PARQUE

JOSÉ EDUARDO AZEVEDO FIATES

O Sapiens Parque é um parque de inovação onde tecnologia, ambiente, arte e ciência se encontram para oferecer novas oportunidades e experiências inesquecíveis.

JOSÉ EDUARDO AZEVEDO FIATES
Diretor-executivo do Sapiens Parque, diretor de inovação da Fundação Certi e diretor-geral da CVentures

ACERVO SAPIENS PARQUE

Um local onde empreendedorismo, talento e criatividade se unem para tornar mais competitivos os principais setores econômicos de Florianópolis – turismo, tecnologia, governo e serviços especializados –, visando a consolidar a região como uma referência de inovação e desenvolvimento sustentável. O conceito de parque de inovação caracteriza-se como um ambiente dotado de infraestrutura e sistemas para atrair empreendimentos capazes de gerar ideias e conhecimentos e transformá-los em novos produtos e serviços para a sociedade, promovendo o desenvolvimento sustentável socioeconômico-ambiental da região.

Os empreendimentos a serem implantados no Sapiens Parque devem apresentar conceitos criativos e a infraestrutura é projetada para prover às pessoas e empresas um ambiente inspirador do ponto de vista urbanístico, paisagístico e estético, estimulando o espírito inovador e a cooperação entre as pessoas. O nome Sapiens origina-se de sapientia (sabedoria) e de Homo sapiens (espécie humana), as bases do conceito do Sapiens Parque, que coloca a sabedoria e o conhecimento a serviço do ser humano.

MARCO ZERO

A iniciativa concebida e idealizada com o objetivo de estabelecer um novo direcionamento para tornar a região um polo de inovação reconhecido internacionalmente pela

ACERVO SAPIENS PARQUE

ARENA SAPIENS

ESPAÇO PARA CULTURA

VIA SAPIENS - FASE 1

INFRAESTRUTURA - FASE 0

geração de empresas, tecnologias e inovações de classe mundial. O projeto foi estruturado pela equipe técnica da Fundação Certi com a parceria da Codesc (Companhia de Desenvolvimento de Santa Catarina), da SC Parcerias e Participações e do Instituto Sapientia. O Sapiens Parque ocupa uma área de aproximadamente 450 hectares, que permite a implantação de 1,3 milhão de metros quadrados em 257 unidades em condomínio, e terá um horizonte de desenvolvimento de 15 anos para atingir sua ocupação integral.

Considerando-se o conceito amplo de design como a "idealização, criação, desenvolvimento e elaboração de algo direcionado para o uso", percebemos uma relação intensiva do Sapiens Parque com o pensamento e as atividades de design, manifestando-se ao menos em oito grandes vertentes:

1. Design conceitual

O Sapiens Parque é um empreendimento que se diferencia por ter sido o primeiro a adotar o conceito de parque de inovação, com base em um processo com metodologia similar ao que passou a ser chamado nos últimos anos de design

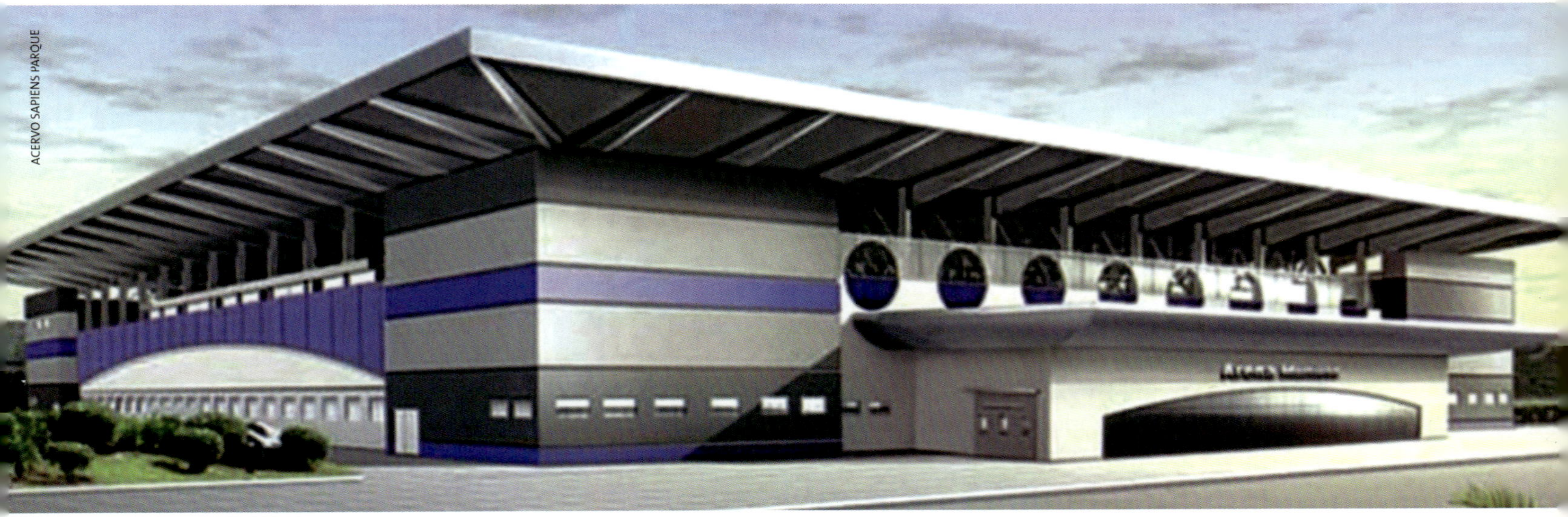

ACERVO SAPIENS PARQUE

CENTRO DE CULTURA E EVENTOS

thinking. Sua concepção passou pelas seguintes etapas: 1) definição do desafio de "criar um ambiente de inovação e empreendedorismo capaz de promover um salto qualitativo e quantitativo na região"; 2) estudo, in loco ou a distância, de cerca de 300 projetos, em 26 países, de parques tecnológicos, cidades sustentáveis, projetos ambientais, complexos empresariais e comerciais, dentre outros; 3) idealização do parque de inovação com modelo multifuncional, completo e voltado para a promoção da inovação em um conceito amplo; 4) estruturação de uma primeira "solução" com elementos urbanísticos, mercadológicos, técnico-científicos, jurídicos e ambientais; 5) definição de objetivos, com a geração de um primeiro plano de desenvolvimento e implantação; 6) execução do plano e geração dos primeiros resultados; 7) avaliação permanente e aperfeiçoamento contínuo.

2. Business model design

Por se tratar de um empreendimento singular, o Sapiens exigiu a estruturação de um modelo de negócios especial, com a adoção de uma solução jurídica de "SPE (Sociedade de Propósitos Específicos)" para viabilizar, dentre outras coisas, a incorporação do terreno do governo, a estruturação de uma solução imobiliária para atender às demandas de comercialização com o setor privado e de interação com o mundo acadêmico. O design de um modelo de negócios correto foi essencial para permitir a capitalização do empreendimento e a geração de uma estrutura de governança e gestão equilibrada, enxuta e inteligente.

3. Design urbano

O design urbano do Parque envolve o planejamento dos principais sistemas para pro-

ACERVO SAPIENS PARQUE

mover a relação entre as pessoas e o ambiente, contemplando sistema viário, áreas verdes, espaços públicos, prédios, serviços, relações com o entorno, mobiliário urbano, infraestrutura, paisagismo, entre outros. Ele se manifesta em seu master plan, no plano específico de urbanização, nos projetos de engenharia, arquitetônicos e urbanísticos, executivos, dos sistemas de infraestrutura, no projeto do parque natural e dos lagos centrais de convivência e nas praças públicas do parque. O desenho urbano do Sapiens levou em consideração aspectos econômicos, técnicos, sociais, ambientais e urbanísticos para gerar uma solução atraente, eficiente e sustentável.

SEDE DA INPETRO

NOVAS UNIDADES
Das universidades UFSC e Udesc.

4. Ecodesign

O Sapiens aplica princípios, soluções e diretrizes de arquitetura, engenharia e design que visam à redução do impacto ambiental, ao uso de recursos não renováveis e, ao mesmo tempo, à adoção de propostas amigáveis ao ambiente, como o uso de energias e materiais renováveis, projeto de sistemas com alta eficiência energética e práticas de reciclagem. O ecodesign se faz presente desde o conceito do master plan "sustentável", inspirado na metodologia de reservas de biosfera em ambiente urbano da Unesco até a orientação para a construção de prédios com certificação ecológica.

5. Design universal

O Sapiens foi concebido e estruturado para que adote soluções urbanísticas, arquitetônicas e de mobiliário "desenhadas para todos", independentemente da idade, habilidade, restrição física ou situação. Isso exige a utilização de técnicas de ergonomia e usabilidade no âmbito de ruas, calçadas, prédios, escritórios, mobiliário urbano e outros itens do parque que deverão oferecer característica de uso equitativo, informação perceptível, flexibilidade, simplicidade e uso intuitivo.

ESTÚDIO DE CINEMA

JARDIM BOTÂNICO

6. Design visual
O design é aplicado de forma intensa nos instrumentos de comunicação (marca, soluções de sinalização interna, letreiros, painéis etc.) e nos produtos de mídia (website, informativos, relatórios, fôlderes etc.) do Sapiens Parque, envolvendo competências de design gráfico e digital.

7. Conhecimento em design
Na direção de abrigar estruturas geradoras de conhecimento em design, o Sapiens Parque já conta com convênios com universidades para a implantação de unidades de pesquisa e desenvolvimento na área, como o Centro de Arte da Universidade do Estado de Santa Catarina e o DesignLab do Departamento de Design da Universidade Federal de Santa Catarina.

8. Cluster de inovação em design
Finalmente, o design constitui um dos clusters de inovação a serem implantados no Sapiens Parque, com empresas que aplicam design de forma intensiva em seus produtos ou serviços ou que atendem a outras empresas com soluções em design, tais como negócios em arquitetura, audiovisual, publicidade, moda, design gráfico e outros. O segmento de design deve se tornar um dos clusters empresariais mais dinâmicos e competitivos do Sapiens Parque.

Como se observa, o conceito, a prática e as várias manifestações do design se revelam de forma intensa em diversas facetas e segmentos do Sapiens Parque. O design é uma das principais bases de desenvolvimento do Parque, seja no direcionamento do conceito básico do parque, seja na estruturação de seu sistema urbano. E será, certamente, um de seus fatores de competitividade e de reconhecimento do empreendimento no futuro.

PEDRA BRANCA, UMA EXPERIÊNCIA DE NOVO URBANISMO

Em um mundo onde a qualidade de vida parece ter se tornado uma utopia, um projeto no município de Palhoça, na Grande Florianópolis, chama a atenção.

Trata-se de Pedra Branca, um bairro com conceito de cidade, onde é possível morar, trabalhar, estudar e se divertir. A fórmula consiste em um complexo urbano rodeado de áreas verdes, com uma universidade como âncora, composto de edifícios residenciais, prédios comerciais, mercados, padarias, farmácias, bancos, além de uma área para indústrias e empresas. Em 2012, o bairro já contava com 6 mil moradores – até 2022 a previsão é reunir 30 mil –, 80 empresas e cerca de 6,5 mil empregos diretos, além de 10 mil estudantes.

A sustentabilidade é um dos principais diferenciais da iniciativa, desenvolvida segundo os princípios do Novo Urbanismo e do Urbanismo Sustentável, conceitos que despontam internacionalmente nas duas últimas décadas. O empreendimento privilegia a mobilidade, a menor dependência do automóvel, o uso misto, a densidade populacional equilibrada, a harmonia com a natureza, o senso de comunidade, os espaços públicos atraentes, a eficiência energética e a segurança. Os edifícios verdes serão equipados com janelas panorâmicas, ar-condicionado com gás ecológico livre de CFC, iluminação LED, pintura à base de água sem solventes

ANFITEATRO
PEDRA BRANCA

DIVULGAÇÃO PEDRA BRANCA

e mobiliário com certificação sustentável. Outra inovação são os apartamentos-jardim, uma opção de moradia para quem gosta de viver em casa, contando com a segurança e o conforto de um condomínio. Essas unidades exclusivas, tal como as coberturas, recriam uma relação mais humana entre o prédio e a calçada.

O projeto foi criado com as ferramentas do desenho urbano (urban design) no que diz respeito a seu desenvolvimento e estudo de volumetria. A equipe envolvida criou um plano geral que orientou as intervenções de diversos empreendedores. Oficinas de projeto cuidaram de aspectos diferenciados e, ao fim, configurou-se o desenho completo do bairro.

UNISUL
Sede da Universidade do Sul de Santa Catarina.

CIDADE PEDRA BRANCA, SC

Um showroom de seus aspectos sustentáveis foi montado como um espaço de conscientização e demonstração dos conceitos e tecnologias empregados no bairro. Com isso, os empreendedores buscam transmitir os aspectos econômicos das soluções oferecidas, e o visitante é convidado a descobrir intuitivamente as possibilidades de aplicação dos conceitos sustentáveis na construção civil, conferindo de perto placas de energia fotovoltaicas, coleta e reúso da água da chuva, vidros de alto desempenho, aço reciclado, luminárias eficientes etc.

A origem do empreendimento deve-se a uma mudança de foco de negócios. A Fazenda Pedra Branca vivia da atividade agropecuária até 1998. Com o crescimento urbano da capital catarinense, os proprietários perceberam a oportunidade de implantar um projeto de urbanização em seus 250 hectares. Ao mesmo tempo, a Unisul (Universidade do Sul de Santa Catarina) buscava um local para implantar seu novo campus em Florianópolis. A negociação foi rápida, garantindo à universidade um terreno de 150 mil metros quadrados e, de outro lado, a necessária âncora para a atratividade de Pedra Branca. Em 1999, o trabalho do grupo de arquitetos, liderados por Hector Vigliecca, Sarah Feldmann, Silvia Lenzi e Rolando Lisboa, lançava as bases da Cidade Universitária de Pedra Branca. Seis anos depois, em busca de novas for-

VISTA NOTURNA
Lago e pista de corrida.

OPEN SHOPPING
Pedra Branca, Office Green e área de convivência nos arredores.

mas para agregar valor e qualidade ao empreendimento, especialmente nas áreas planas, os gestores tomaram conhecimento do movimento Novo Urbanismo. Em seminários e congressos sobre o tema no exterior, conheceram o urbanista Andrés Duani, da DPZ, que passou a ser consultor da equipe multidisciplinar de desenvolvimento do projeto. A urbanista Silvia Lenzi, consultora do empreendimento, aposta em seu potencial de se tornar uma centralidade urbana de primeira grandeza, graças à localização privilegiada, na região litorânea de Santa Catarina.

Por seu ímpeto visionário, a iniciativa foi selecionada pela Fundação Bill Clinton como um dos 18 projetos fundadores do Programa de Desenvolvimento Positivo do Clima, um exemplo de projeto urbano de larga escala que demonstra que as cidades podem crescer de forma "positiva para o clima", reduzindo a emissão de gases tóxicos para a atmosfera e integrando sua comunidade de forma harmônica.

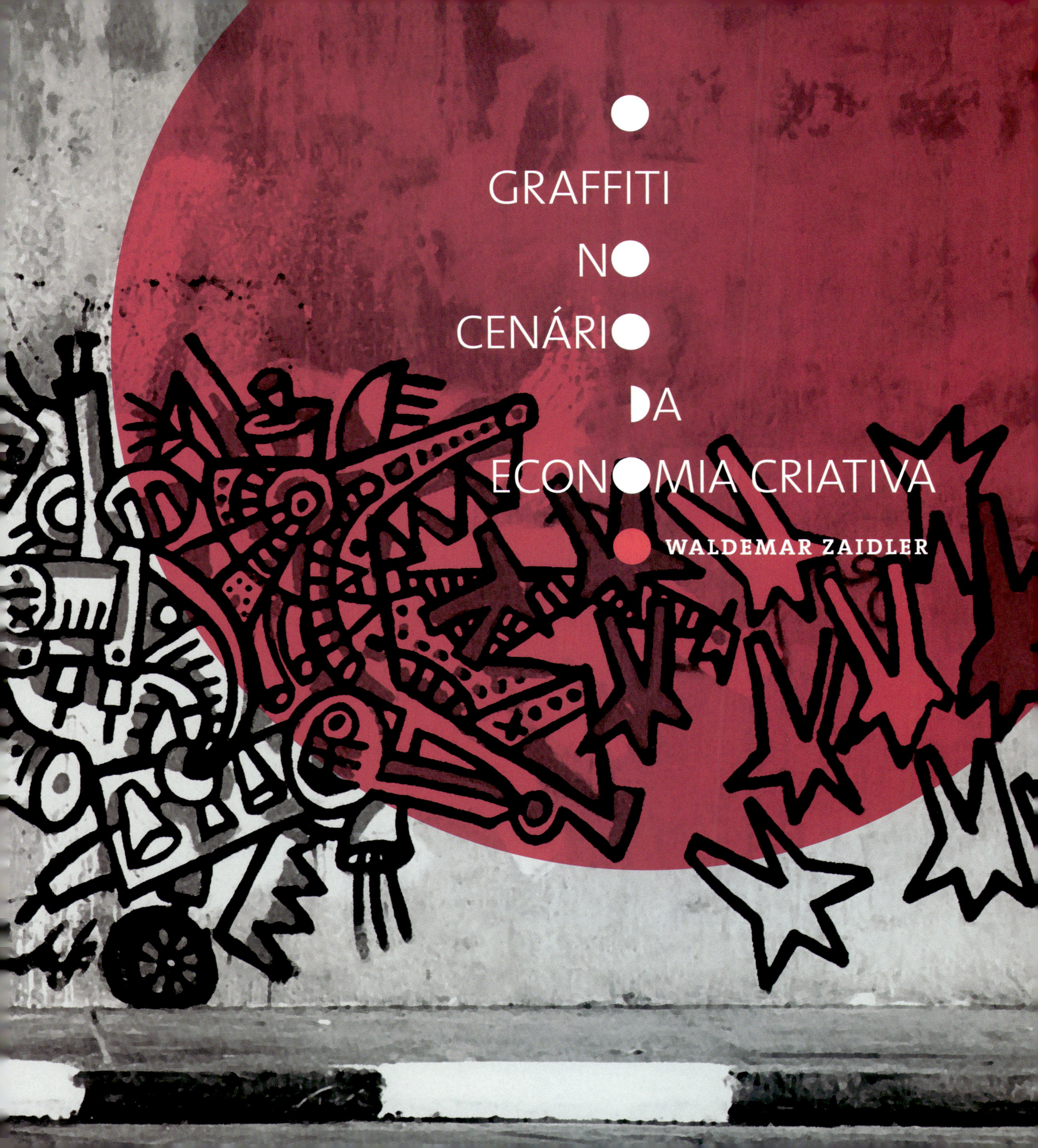

O graffiti no cenário da economia criativa

WALDEMAR ZAIDLER

Um dos aspectos mais interessantes do graffiti é seu caráter de manifestação essencialmente cultural e política realizada por cidadãos.

WALDEMAR ZAIDLER

Designer, professor no curso de pós-graduação em design gráfico da FAAP e artista visual

Acima de tudo, é um simples ato de vontade. Uma resposta do cotidiano ao institucionalizado, da tática à estratégia, do informal ao formal, do grátis ao pago.

Visto por esse ângulo, o graffiti é o sinal deixado pela vontade de alguém de reintegrar afetiva e politicamente lugares e espaços que já não são de ninguém. E, se essa vontade é fruto de uma pessoa, naturalmente os sinais por ela deixados carregarão suas características; sejam políticas, contestatórias, lúdicas, fantásticas, estéticas etc., elas individualizam os sinais. O graffiti pode ser visto como o atestado autônomo de uma existência individual anônima e social. A atitude em si do graffiti sobrepõe-se a seus demais significados, o que dificulta sua caracterização como objeto de troca.

Como algo tão refratário à formalidade poderia se relacionar com o mercado?

É curioso como isso se deu em São Paulo. São Paulo, SP, cidade, aliás, que desde 1976 vem se consolidando como polo mundialmente expressivo do graffiti e das práticas dele derivadas. Essas práticas, por sua vez, têm estabelecido elos interativos entre graffiti e mercado, e oferecido elementos para muitas linguagens ativas e integradas no tecido cultural contemporâneo.

A certa altura dessa história ocorre um fenômeno notável, nem sempre lembrado nas análises sobre o tema. Na segunda metade da década de 1970, quando as instituições democráticas brasileiras lutavam contra a inércia, foi reconquistado o direito a eleições diretas. A abstinência prolongada e a falta de treino no jogo democrático não facilitavam em nada a organização das campanhas de propaganda política. Nesse contexto, foi resgatada a ideia de contratar pessoas para espalharem graffiti enaltecendo um candidato e eventualmente – por que não? – enxovalhando os concorrentes. A decisão pela utilização do graffiti foi tomada na esteira de transformações culturais internacionais iniciadas havia alguns anos.

Na segunda metade da década de 1960, nas ondas da pop art, da land art e de todo o movimento político e cultural da época, grande número de pessoas em diversas metrópoles na Europa e nos Estados Unidos reconheceu no graffiti sua potência expressiva, e adotou-o

W. ZAIDLER

GRAFITTI
Observado com frequência nas ruas de São Paulo, SP, 2012.

DIVULGAÇÃO/GRAFFITI COM PIPOCA

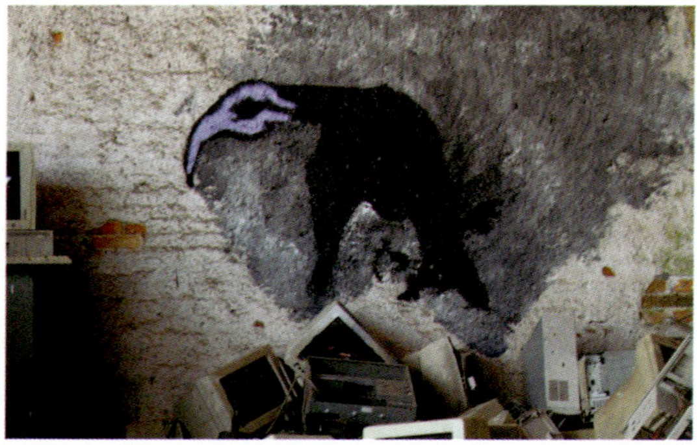

STOPMOTION
Produzido em 2012.
Design: Coletivo Graffitti com Pipoca

como ferramenta para o exercício de cidadania, ainda que na contramão da ordem vigente na época, que absolutamente não considerava tal meio de manifestação como algo sequer próximo de uma atitude cidadã. Naquele momento histórico, houve preponderância do graffiti com mais ênfase em reivindicações políticas objetivas, palavras de ordem, sobre aquele que tratava de questões culturais e afetivas. Nos anos seguintes, imagens dessa vertente política do graffiti foram sistematicamente exploradas pelos meios de comunicação como ícones indicativos das transformações em curso.

Certamente a observação do expressivo crescimento do número de pessoas favoráveis a essas transformações foi decisiva na orientação que levou, entre 1978 e 1982, em São Paulo, as campanhas políticas a arriscarem recursos cada vez maiores em um meio de propaganda evidentemente ilegal. Considere-se também que o país emergia de uma ditadura que legitimava práticas brutais, e atitudes de desobediência civil poderiam também significar afronta ao sistema e promessa de mudança.

É interessante notar que não havia orientações estéticas ou regras visuais para os trabalhos de graffiti contratados. Pelo contrário, pairava a crença de que, quanto mais

A ÁRVORE DAS PERGUNTAS
Grafitti produzido com o objetivo de revitalizar uma praça no bairro do Sumaré, em São Paulo, SP.
Autor: Jaime Prades

IDENTIDADE GRÁFICA
Desenvolvida para as lojas Playland com base nos Absurdos, personagens originários das ruas de São Paulo, SP.
Autor: Jaime Prades

diversificados eram os desenhos de letras, cores, composição etc., tanto mais verossímil seria a espontaneidade da inscrição, mais próximo se estaria da ideia de liberdade. Pessoas eram contratadas para tomar superfícies de assalto e nela inscrever mensagens, cada uma à sua moda. Eram fornecidas apenas as palavras e os materiais. (Nessa época, é bom lembrar, começava a difundir-se um fantástico recurso tecnológico: a tinta portátil em aerosol, a "lata de spray".) Os aspectos visuais ficavam por conta das habilidades do executante.

O "modelo de negócio" foi prontamente detectado e copiado pelos candidatos concorrentes, e nos períodos pré-eleitorais das três eleições seguintes São Paulo foi literalmente recoberta pelo graffiti de conteúdo político-eleitoral contratado, que consolidou oferta e demanda em escala metropolitana de um serviço até então inusitado. O resultado foi inédito: a estética da periferia se sobrepôs à estética da cidade formal.

Esse fenômeno acirrou as discussões sobre questões visuais da cidade. Com destaque para o graffiti, o assunto ganhou as mesas de bar e contornos de "a favor" e "contra", que encontravam ponto de conflito justamente no fato de que o graffiti não se resumia à vertente política. Pelo contrário, as vertentes culturais e afetivas, preponderantes no período imediatamente anterior ao das campanhas políticas, jamais saíram de cena. Mais que isso, provocaram reflexões teóricas que reavaliaram a conceituação tradicional das questões visuais da cidade e da arte pública e, "sem querer, querendo", geraram uma oferta de bens simbólicos que imediatamente encontrou demanda, inclusive no universo das campanhas eleitorais. Nas eleições de 1982, candidatos comprometidos também com a classe média descobriram a possibilidade de encomendar trabalhos de graffiti elaborados com design criterioso e executados com estêncil (moldes vazados).

ACERVO CARLOS MATUCK

PAINEL
Produzido sob encomenda para o Sesc Santana, em São Paulo, SP, em 2005. Água e spray sobre placas de alumínio perfurado.
Autor: Carlos Matuck

Graffiti, design e arte

Segundo o dito popular, o que essas três palavras têm em comum é que ninguém consegue defini-las, mas todos sabem exatamente o que significam. Porém, independentemente de definições precisas, o exame das relações entre elas aponta para caminhos paralelos e simultâneos aos das campanhas políticas, pelos quais muitas práticas derivadas do graffiti se estabeleceram no mercado e se integraram na paisagem urbana de uma época.

Acontece que, em seu processo de realização, o graffiti requer exercícios de linguagens específicas da visualidade. Diferentes graus de domínio dessas linguagens conferem às intervenções maior ou menor carga simbólica e estética, o que possibilita a percepção para além de sua essência transgressiva e indicativa de uma ação basicamente reivindicatória, e também para além do significado da mensagem verbal, quando esta existe. Proporcionam também grande diversidade de sintaxes, o que amplia exponencialmente as possibilidades de conexão entre emissores e receptores.

Em outras palavras, o graffiti pode ser percebido essencialmente como manifestação que associa sentimentos a um lugar. É um lembrete de que a vontade é concreta a ponto de deixar marcas visíveis. Com base na percepção dessa condição básica, como em qualquer outro fenômeno que envolva visualidade, tais marcas serão interpretadas simbolicamente e mais ou menos apreciadas esteticamente em função de o emissor e o receptor "falarem a mesma língua".

Assim, os trabalhos de graffiti realizados por cidadãos formados e treinados nos campos das artes visuais e do design chamaram a atenção e logo conquistaram grande simpatia.

Em São Paulo, por volta de 1976, surgiram os primeiros "haicais" inscritos pelos muros, e imediatamente notou-se o contraste entre eles e a única frase que era sistematicamente espalhada pela cidade, a enigmática "Cão Fila Km 27". Os poemas remetiam conceitual e formalmente ao campo do design. Em um dos entendimentos possíveis desses poemas, reconhecia-se a discussão do universo editorial da época. Eram um "protesto" contra o minguado espaço reservado à poesia e, ao mesmo tempo, refutavam o livro como suporte exclusivo e privilegiado para a escrita poética. Quanto à forma, não bastassem as radicais implicações da mudança de suporte, os poemas tiravam o máximo partido da linguagem visual, empregando tipografias e caligrafias criteriosamente selecionadas, muitas vezes assumindo características de logotipo, em consonância também com o movimento da poesia concreta, que conquistava então seu espaço definitivo.

Um trocadilho bastante reproduzido pela cidade, ÉDIFÍCIL, tinha suas letras desenhadas de modo a representar um perfil de arranha-céus, skyline da cidade.

PAINEL
Produzido sob encomenda para a Livraria Cultura do Shopping Iguatemi Campinas, SP, em 2008. Acrílica e spray sobre MDF recortado.
Autor: Carlos Matuck

GRAFFITI
Realizado por Alex Vallauri, Carlos Matuck e Waldemar Zaidler na parede externa do MAM-SP, em São Paulo, SP, com base em convite do próprio museu, em 1981. Este foi, provavelmente, o primeiro escambo de grafitti envolvendo o circuito institucionalizado de arte no Brasil.

UMA CIDADE
Restaurante Shopping Jardim Sul, SP, 1990.
Autor: Carlos Matuck

ACERVO CARLOS MATUCK

Quase simultaneamente, Alex Vallauri, entre outros, iniciou a reprodução sistemática de imagens pela cidade utilizando estêncil. Artista plástico, Vallauri tinha um fortíssimo vínculo com o campo do design. Era ligado à moda e ao desenvolvimento de estampas para tecidos e objetos, trabalhava com serigrafia e era profundamente envolvido com questões relativas à reprodução de imagens. Em um tempo em que os Correios ainda se destacavam como ferramenta das redes sociais, Alex participava da arte postal e, para tanto, valia-se de sua coleção de carimbos, clichês extraídos do universo gráfico do design vernacular. Essa transdisciplinaridade é importante, pois o repertório visual e temático de Vallauri era o mesmo para todas as linguagens por ele exploradas.

O desejo de demarcação simbólica do próprio território fez que um número cada vez maior de simpatizantes oferecesse seus muros e paredes, além de materiais para pintura, em troca de um graffiti. Instaurou-se o escambo. Essa foi a outra porta de entrada para o graffiti no mundo dos negócios.

Essas solicitações extrapolaram o universo dos cidadãos comuns e começaram a vir de instituições ligadas à arte e à cultura. Nesse momento, não se tratava mais de demarcação simbólica de território, mas da legitimação institucional de uma atitude e de uma linguagem. No início de 1981, o MAM-SP (Museu de Arte Moderna de São Paulo) ofereceu sua parede externa sob a marquise do Ibirapuera a Vallauri. Esse episódio pode ser tomado, em São Paulo, como marco conceitual, no qual se engendrou a revisão da ideia de mural, e lançou as bases para uma modalidade artística diretamente derivada do graffiti, um novo muralismo que encontrou ampla freguesia nas instituições, no âmbito residencial e em instalações comerciais em geral, tanto interna como externamente.

FRANCISCO MOSQUERA/ACERVO OZI

ÍCARO
Grafitti produzido em 2008.
Autor: Ozi

ACERVO OZI

ACERVO OZI

Nas duas décadas seguintes, o novo muralismo foi se estabelecendo como uma possibilidade real de atuação profissional, de modo perfeitamente integrado à economia formal. Muitos artistas incorporaram à poética de seus trabalhos a temática, a gestualidade, a exploração de tinta spray e estênceis em diferentes suportes (em uma época em que a aerografia fazia grande sucesso nas ilustrações publicitárias), os procedimentos gráficos de repetição, a figura recortada e seu diálogo espacial com os elementos urbanos e arquitetônicos, a narrativa picaresca. E essa linguagem passou a integrar a paleta de soluções de arquitetos, designers gráficos, de interiores, curadores, decoradores e estilistas, contextualizando uma demanda que fez que as relações se tornassem altamente profissionais.

É interessante que ainda hoje o graffiti, em sua essência, continua vigoroso, sinalizando a vontade social e cultural dos cidadãos, alimentando e sendo alimentado pelas demais práticas dele derivadas e a ele correlatas, contribuinte profundamente arraigado à ambiência da São Paulo contemporânea.

ARTE ORDINÁRIA CRISTO MICKEY
Estêncil sobre papel de presente produzido com técnica lambe-lambe em 2005.
Autor: Ozi

TUBOS
Grafitti produzido em 2009.
Autor: Ozi

DIOPSIDE with Apatite and Chalcopyrite

DA OXO
AO
MUSEU DO AMANHÃ

TUCKER VIEMEISTER

As melhores coisas contam uma boa história. Foi o educador Horace Mann quem disse: “sinta-se envergonhado de morrer até que você tenha conseguido alguma vitória para a humanidade”.

TUCKER VIEMEISTER
Diretor de projetos especiais da Raa, Nova York, EUA.

Tornei-me designer porque sentia que meus talentos e habilidades nessa área poderiam ser utilizados em uma grande variedade de questões sociais e econômicas. Minha vida apresenta uma convergência de forma e conteúdo. O fato de ter recebido meu nome em homenagem a um carro que meu pai estava projetando naturalmente me levou a querer fazer coisas também. Já liderei grupos na criação de ambientes e produtos excelentes, divertidos e lucrativos, que vão desde torradeiras a caminhões, e também construí experiências interativas.

Originalmente, o trabalho dos projetistas industriais consistia em planejar coisas para serem produzidas em fábricas. Tratava-se, basicamente, de traduzir novas tecnologias em coisas que as pessoas queriam. Está certo, pode-se dizer a mesma coisa sobre os "projetistas" da Idade da Pedra, mas os projetistas industriais precisavam encontrar meios de tornar os bens produzidos em massa mais atraentes aos compradores do respectivo mercado. Com a aplicação de conceitos de ergonomia e testes feitos por usuários, junto com o talento artístico e a empatia, os projetistas voltaram suas atenções menos para os métodos produtivos e mais para a defesa dos interesses do usuário final em meio ao processo comercial. "Your debutant knows what you need, but I know what you want" ("Sua debutante sabe do que você precisa, mas eu sei o que você quer"), como cantava Bob Dylan em sua música "Stuck inside a mobile with the Memphis blues again".

Antes dos OXO Good Grips não existia o conceito de projeto universal. Em 1990, a esposa de Sam Farber, fundador da OXO, estava começando a sentir os efeitos da artrite. Então ele pediu à Smart Design que pensasse na tarefa de descascar legumes. Naquela época, estávamos trabalhando com a gerontologista Patricia Moore, que nos sensibilizou sobre as habilidades físicas de pessoas idosas. Esse fato me levou a perguntar: por que não criar coisas

DIVULGAÇÃO/MUSEU DO FUTEBOL, SP

MUSEU DO FUTEBOL
Sala das Copas do Mundo.

MUSEU DO FUTEBOL
Em São Paulo, SP, lança mão da imaterialidade para tratar não apenas do esporte, mas da história do povo brasileiro, baseando-se em memórias, acontecimentos e representações do futebol em diferentes dimensões e formas de interação.

bonitas para pessoas idosas e que ao mesmo tempo funcionem melhor para todas as pessoas? Sob a liderança de Davin Stowell, a equipe identificou as duas necessidades primárias: as ações de apertar e de segurar. Fabricamos e testamos muitos protótipos de cabos e chegamos à conclusão de que os cabos mais "gordos" dissipam mais a tensão, oferecem melhor alavancagem e exigem menos força para segurar. Descobrimos também que a borracha injetável proporciona fricção superficial e permite a inclusão de massas adicionais que deixam os cabos mais macios. Talvez até mais importante que sua função propriamente dita, as massas adicionais de borracha contam uma história. Elas servem para informar ao usuário que o uso do aparelho vai ser mais confortável e divertido!

A borracha preta se tornou uma marca registrada dos produtos OXO, transmitindo a ideia de conforto na utilização dos produtos para todas as pessoas. Sendo hoje ícones "transgeracionais", os utensílios culinários da marca OXO Good Grips têm transformado a indústria de produtos para o lar e agora estão representados nos acervos permanentes de muitos museus, inclusive o Museum of Modern Art, e receberam as maiores premiações da Industrial Designers Society of America, do National Design Museum e da Tylenol Arthritis Foundation.

Meu pai entendia como as coisas funcionavam e as tornava melhores. Na minha infância e juventude, eu pude ver o prazer que ele sentia e o impacto que tinha como projetista industrial, fazendo seus desenhos e construindo coisas em sua oficina, transformando suas ideais em objetos. Eu não tinha dúvida sobre o que eu queria ser – eu também seria um projetista industrial. Minha mãe se formou no Antioch College, cujo fundador foi Horace Mann, com toda aquela conversa sobre "vencer em prol da humanidade". O desejo dela era que eu pudesse melhorar o comportamento das pessoas, e não apenas criar coisas bonitas. Ela me mostrou que a criação de "peças de exibição" era uma área em que o projetista industrial exercia controle sobre conteúdo, exibição e narrativa – uma poderosa maneira de mudar as ideias das pessoas! Se eu me tornasse um projetista de peças de exibição, teria controle sobre todos os elementos – forma, som e conteúdo –, podendo criar uma forte experiência narrativa.

Por isso me parecia totalmente natural quando, no Pratt Institute, meus professores nos designavam trabalhos para projetar coisas como bules de chá ou caixas de correio e nos orientavam a considerar o "sentido" ou "o ritual" de como eram usados os produtos em questão (hoje se fala em "experiência"). Os assuntos que estão na moda atualmente já faziam parte da mentalidade dos projetistas naqueles tempos. Não estamos somente fazendo belas formas, estamos transformando ideias em objetos.

Cinco anos atrás, na minha primeira visita ao Brasil, Joice Leal me levou ao Museu da Língua Portuguesa, onde deparei com ideias (nesse caso palavras) literalmente transformadas em objetos materiais! A mistura de artefatos com mídias interativas e responsivas conduz o visitante a uma profunda e marcante experiência de aprendizagem. A exibição não apenas conta uma história empolgante sobre como os diferentes povos do Brasil contribuíram com sua língua, ela deixa bem claro que o ato de aproveitar amostras de diversas influências leva a um resultado mais dinâmico. Ela explica e celebra a diversidade em um ambiente habitável.

MUSEU DA LÍNGUA PORTUGUESA
Exposição "Machado de Assis: mas esse capítulo não é sério", que celebrou o centenário do nascimento do autor em 2009 e recebeu mais de 6 milhões de visitantes. O design expositivo privilegiou a interação nos espaços e salas, indo além de oferecer uma coleção histórica de documentos.

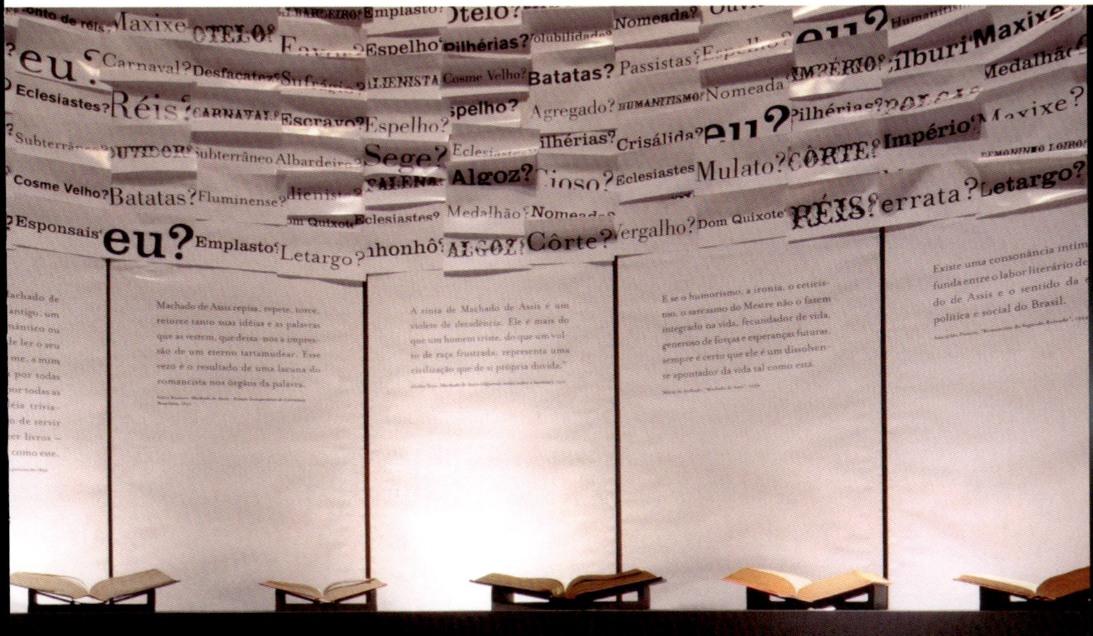

DIVULGAÇÃO/MUSEU DA LÍNGUA PORTUGUESA

ANDRÉ NAZARETH

MEMORIAL MINAS GERAIS – VALE
Em Belo Horizonte, MG, suas atrações trazem a alma e as tradições de Minas Gerais contadas de forma interativa e contemporânea.
Curadoria e museografia: Gringo Cardia

Agora faço parte da Ralph Appelbaum Associates, cujos projetistas foram responsáveis pela criação daquela exibição sobre a língua portuguesa. Projetamos experiências em museus, em que as pessoas possam aprender e experimentar por meio de todos os sentidos, tornando, assim, a aprendizagem mais divertida e profunda. É o tipo de experiência que lá atrás, nos anos 1990, Mark Curtis (que à época era da Razorfish e agora está na Fjord) chamava "mídia profunda", um meio interativo que envolve sentidos além da visão, que meramente capta a imagem na tela; sua esperança era que os sons, os movimentos e até os cheiros fizessem da mídia profunda uma experiência mais plena, mais natural e mais significativa e transformadora.

Um novo projeto da Appelbaum, que deve ser inaugurado em breve no Rio de Janeiro, foi feito para mostrar às pessoas que nossa economia industrial está mudando o clima da Terra, e também para inspirar o público visitante a tomar atitudes e fazer algo a respeito disso. O Museu do Amanhã está localizado em um prédio projetado pelo arquiteto espanhol Santiago Calatrava, que o descreve como "um museu vivente e pedagógico, servindo para falar de ecologia com jovens que nunca ouviram falar disso e terão a oportunidade de ver como as coisas funcionam com seus próprios olhos". A história é contada em quatro

DIVULGAÇÃO MIS-RJ/SECRETARIA DE CULTURA, RJ

MIS – RJ
Nova sede do MIS – RJ em Copacabana, Rio de Janeiro, RJ
Projeto: Escritório Diller Scofidio + Renfro

capítulos ao longo dos 150 metros de extensão do prédio – o primeiro trata da escala e do tamanho do cosmos; o segundo prepara uma base, indo de DNA e ecossistemas à cultura; a seção seguinte discursa sobre como o ser humano está gerando impactos sobre nosso planeta e, no último capítulo, o público visitante é confrontado com decisões e escolhas que terão influência sobre seu futuro daqui a 50 anos.

O progresso tecnológico torna a necessidade e o impacto dos projetos cada vez mais importantes. Contar histórias representa uma função importante, independentemente de sua ligação com um simples descascador de batatas ou com um ambiente imersivo. A ironia consiste do fato de que um pequeno descascador de batatas pode ter o mesmo peso para a humanidade que aquele lindo museu perto da praia!

JOMAR BRAGANÇA/DIVULGAÇÃO MMM

MUSEU DAS MINAS E DO METAL
Em Belo Horizonte, MG, abriga importante acervo sobre mineração e metalurgia e utiliza formas lúdicas e criativas aliadas à tecnologia de ponta para mostrar o universo das rochas, os processos de transformação dos minérios e a importância destes para a vida humana e o desenvolvimento socioeconômico.
Projeto museográfico: Marcello Dantas

ENDEREÇO CERTO PARA AS COMPRAS

Uma manifestação emblemática da vocação comercial de São Paulo, SP, é a variedade de ruas temáticas que se espalham pela cidade.

As estatísticas atuais somam 59 endereços segmentados, com os mais diversos perfis. Alguns deles, como é o caso da rua José Paulino, no Bom Retiro, e da Oriente, no Brás, atraem compradores de atacado de todo o país – e de outros cantos do mundo – para abastecer o comércio de outras regiões, o que não impede um movimentado fluxo local, que busca comprar, mais barato, peças similares às das grifes de shopping. No Bom Retiro, são 1.200 lojas; no Brás, 6 mil; e, apesar da origem de ambos, com confecções próprias, as roupas "made in China" ganham cada vez mais espaço nas prateleiras.

Há muitos casos, em São Paulo, em que o comércio se organiza em função da pesquisa, pelo consumidor, de preços e materiais de interesse específico. O resultado são centros comerciais vigorosos, como a rua da Consolação, uma das principais vias da cidade, onde modelos similares de lustres e luminárias podem ser encontrados em pequenas e grandes lojas, que oferecem opções em todos os materiais, estilos e formatos.

O consumidor brasileiro, de forma geral, e o paulistano especialmente, tem se tornado mais exigente em relação aos aspectos de design aplicado que agregam valor a produtos e serviços. Em paralelo, as marcas percebem, no uso mais intensivo do design, oportunidades de se diferenciar e gerar novos atributos para suas ofertas.

Boa parte dessas ruas é vitrine privilegiada para produtos de design, facilitando para o público apreciar e adquirir novidades e tendências de cada segmento. Elas movimentam milhões de reais anualmente, oferecendo estoques, variedade, preços competitivos e vendedores especializados. A concorrência lado a lado exige das lojas

DENISE ANDRADE

RUA AVANHANDAVA
O planejamento temático que tornou a rua, por si, uma atração.

um benchmarking contínuo. De outro lado, muitas vezes essa configuração é o que permite a inserção no mercado de pequenas e médias empresas, localizadas naturalmente pelo endereço.

Entre as ruas temáticas que já fazem parte do roteiro turístico da cidade, a Oscar Freire, de moda, e a Gabriel Monteiro da Silva, de design de interiores, expressam a sofisticação presente em São Paulo. Uma vitrine em uma delas permite à marca se afirmar como parte de um grupo seleto do setor.

FOTOS: DENISE ANDRADE

VILA MADALENA
Bares, restaurantes, arte, moda e design.

RUA ASPICUELTA
A prefeitura prevê um projeto especial de urbanismo, que privilegiará sua vocação.

Em um segmento de destaque na cidade, o de bares e restaurantes, os visitantes de fora são direcionados, também, para endereços que oferecem opções enfileiradas, como a rua Aspicuelta, na Vila Madalena, para a qual a prefeitura prevê um projeto especial de urbanismo, privilegiando sua vocação agregadora. Há, ainda, casos de planejamento temático, como a rua Avanhandava, em que o mesmo empreendedor, depois de instalar e tornar famosos alguns restaurantes com perfis complementares, investiu em um projeto de decoração urbana que tornou a rua, por si, uma atração.

Ponto tradicional para chefs e donos de restaurantes, padarias, lanchonetes, supermercados e hotéis, as 40 lojas da rua Paula Souza, na região central, são famosas pela venda de equipamentos e utensílios de cozinha. À medida que o design de ambientes, pratos e de outras expressões estéticas expande seus horizontes para além das casas de alta gastronomia,

RUA AVANHANDAVA
O planejamento temático que tornou a rua, por si, uma atração.

as ofertas da Paula Souza são ampliadas com elementos que se distinguem do trivial. E, cada vez mais, os cozinheiros de ocasião também circulam em seus domínios, buscando incrementar cozinhas que, em muitos casos, vêm se tornando o centro de convivência de modernos apartamentos.

Embora Santo Antônio seja o santo casamenteiro, é São Caetano quem batiza a "rua das noivas" mais famosa do país. O cobiçado vestido de núpcias pode ser adquirido em uma das 200 lojas do local, no bairro da Luz, à vista ou no número de prestações que couber no bolso. Há modelos de todos os tipos, para todos os gostos. E, ainda, lojas de alianças, bufês, calçados masculinos e femininos, convites, celebrantes e cerimoniais, daminhas e pajens, fotos e filmagens, músicas, veículos, lua de mel, entre outras possibilidades. Adereços imprescindíveis ao ritual também podem ser adquiridos ali: guirlandas, véus, luvas e os indispensáveis buquês. A São Caetano é o destino certo para quem busca um modelo exclusivo, de alto padrão, para quem procura um vestido pronto mais acessível ou, ainda, uma opção de segundo aluguel. O sonho de "felizes para sempre" ainda está na moda, garantem os comerciantes do local.

Rua comercial mais conhecida de São Paulo, sua campeã de audiência, termômetro para a atividade comercial em datas festivas, a 25 de Março é lembrada não por suas fachadas, mas pelo formigueiro humano que se forma ali todos os dias. Nesse caso, o tema não é um segmento, mas o perfil de consumo: compradores com os interesses mais variados – da capital, de outras cidades e até do exterior – descem a ladeira, disputando espaço com os vendedores ambulantes, em busca de preços baixos.

A 25, como é conhecida, oferece de tudo um pouco: lojas de tecido para roupa e decoração, brinquedos, armarinhos, acessórios, sapatos, bolsas. Há lojas de artigos indianos, botões, apliques para roupas, lembrancinhas, papelaria. Nos prédios antigos, todos os espaços são tomados por revendedores de pérolas sintéticas, cristais, vidros, contas, strass, peças para chaveiros e uma infinidade de miudezas. Para quem é do ramo ou está começando, é possível encontrar de tudo, da montagem à embalagem. Lanchonetes e pequenos restaurantes árabes oferecem quitutes para o merecido intervalo das refeições, uma referência inegável à origem da maioria dos comerciantes locais. Algo que nos faz lembrar que o comércio de São Paulo é parte fundamental da cultura da cidade. ●

FOTOS: DENISE ANDRADE

RUA DA CONSOLAÇÃO
A maior concentração de estabelecimentos comerciais especializados em iluminação na cidade de São Paulo.

RUA ORIENTE
A rua Oriente, no bairro do Brás, é conhecida por seu comércio popular de roupas e acessórios.

RUA JOSÉ PAULINO
Moda para todos os bolsos.

RUA PAULA SOUZA
Sonho de consumo de chefs, donos de restaurantes, padarias, lanchonetes, supermercados e hotéis.

RUA SÃO CAETANO
Democratiza a realização do casamento: ali é possível encontrar um modelo de vestido de noiva exclusivo, de alto padrão, ou um vestido pronto, mais acessível. Casamento para todos bolsos.

RUA 25 DE MARÇO
A 25, como é conhecida, oferece de tudo um pouco: lojas de tecido para roupa e decoração, brinquedos, armarinhos, acessórios, sapatos, bolsas.

CONSUMO DE LUXO A CÉU ABERTO

CESAR GIOBBI

A rua Oscar Freire e as redondezas, em São Paulo, ainda reúnem o maior número de lojas de comércio de luxo de rua, em uma cidade em que a tendência de concentrar esse tipo de comércio em shopping centers é cada vez mais forte. Basta dizer que três shopping centers muito próximos têm lojas da grife francesa Chanel.

CESAR GIOBBI
Jornalista no Grupo Estado, mantém o site cesargiobbi.com.br

DENISE ANDRADE

OSCAR FREIRE
Moda e design urbano.

O comércio popular de rua tem lugar em inúmeras regiões da capital paulista (João Cachoeira, 25 de Março, Bom Retiro, Brás, Lapa) e não dá sinais de que isso vá mudar tão cedo. Mas as grifes importantes, a começar pelas internacionais, têm preferido se abrigar em shopping centers, onde vendem muito mais.

A própria rua Oscar Freire perdeu praticamente todas as marcas estrangeiras, ficando apenas com aquelas ligadas ao esporte. Na região, nos últimos anos, foram fechando várias grifes estrangeiras, como Baccarat, Tiffany, Armani e Giorgio Armani, DSquared, Diesel e Custo Barcelona, que chegou a reformar uma loja, mas não a abriu. Ralph Lauren também pensou em abrir na região, mas desistiu. Sobraram ainda muitas nas imediações, como o joalheiro Cartier, as marcas francesas Dior e Louis Vuiton, as italianas Roberto Cavalli, Versace, Ferragamo e Zegna.

As boas marcas nacionais ainda têm filiais na rua e nas imediações. Os mais importantes estilistas nacionais também mantêm lojas na região, como Glória Coelho, Reinaldo Lourenço, Cris Barros, Lino Villaventura e Alexandre Herchcovitch. Os grandes e pequenos joalheiros brasileiros, de Antonio Bernardo a Francisca Botelho, estão instalados nas alamedas e galerias da rua Augusta. Marcas mais populares, com sede no Bom Retiro, fizeram uma investida na região, mas não aguentaram os custos e fecharam. Foram substituídas por boas marcas de moda jovem do Rio de Janeiro, que estão entrando em São Paulo.

Mas a tendência é que a região das alamedas em torno da Oscar Freire acabe se especializando mais em gastronomia, comércio de arte e serviços de luxo, como cabeleireiros, SPAs, lojas de cosméticos, óticas, supermercados sofisticados, delicatessen, sorveterias e serviços que atendam ao bairro, que ainda é muito residencial, apesar do forte comércio.

O que pode salvar o comércio chique na região é a promessa da empresa JHSF, a mesma que construiu o Shopping Cidade Jardim, no Morumbi, de erguer um pequeno shopping center muito sofisticado, pegando um quarteirão da rua Haddock Lobo, próximo ao Hotel Fasano, que também é do grupo. Se o projeto se concretizar, será uma âncora que garantirá às imediações a manutenção dessa aura de consumo de

FOTOS: DENISE ANDRADE

OSCAR FREIRE
Moda e design urbano.

luxo, mesmo com todos os inconvenientes que desanimam o comprador, como falta de estacionamentos, insegurança e eventual chuva.

A alameda Gabriel Monteiro da Silva, nos Jardins, é um fenômeno ainda a ser estudado. Na contramão do comércio de luxo das grifes que preferem shopping centers, a rua reúne um sem-número de lojas de altíssimo padrão, voltadas a mobiliário, acabamentos, tecidos, tapetes, luminárias, de marcas nacionais e estrangeiras, grandes empresas que fornecem cozinhas e armários, lojas especializadas em material de cozinha de bom desenho e lojas de enxovais de primeira linha. E se fortalece a cada ano, deixando claro que não há qualquer tendência de esse mercado querer se abrigar em shopping centers. É claro que São Paulo tem dois shopping centers dedicados à casa, um na Zona Sul e outro na Zona Norte. Mas nenhum deles chega sequer a arranhar a força de venda dessa rua temática paulistana.

Todas as lojas têm espaço de estacionamento na porta, o que é muito importante para a clientela da rua. Os clientes chegam sozinhos ou acompanhados de arquitetos e decoradores, e lá decidem como será constituído o ambiente da residência ou do escritório. Praticamente todas as marcas de mobiliário, iluminação e design italiano e escandinavo estão representadas, algumas com lojas próprias, outras reunidas por importadores. Além destes, há importadores de mobiliário asiático.

O design nacional está representado pela loja de Etel Carmona, que produz móveis de designers brasileiros, como ela própria, Isay Weinfeld, Dado Castello Branco e Claudia Moreira Salles, além de reproduções de designers brasileiros das décadas de 1950 e 1960, como o grupo Branco & Preto e Jorge Zalzupin, com madeiras brasileiras certificadas, em marcena-

OSCAR FREIRE
Moda e design urbano.

rias no Acre e no interior de São Paulo. Na rua há ainda lojas de tapetes, de luminárias e de ferragens de banheiros, que produzem desenhos contemporâneos nacionais.

Pequenos criadores de tecidos de decoração, como a Safira Sedas, que fabrica um produto quase artesanal e altamente sofisticado, também estão na Gabriel, como é chamada a rua, que hoje tem eventos próprios movimentando todos os comerciantes em torno de uma mesma promoção, e até uma revista.

GABRIEL MONTEIRO DA SILVA
Design de interiores e sofisticação.

7

FORMAÇÃO EM DESIGN

O ENSINO DO DESIGN NO BRASIL: PANORAMA E TENDÊNCIA

DIJON DE MORAES

É sabido que o modelo de formação acadêmica do design brasileiro, a partir dos anos 1960, teve acentuada ênfase nos aspectos eminentemente racionais, que modelaram sua disseminação em todo o território nacional.

DIJON DE MORAES
PhD em design e reitor da UEMG

Essa prática, aparentemente correta, ia ao encontro das necessidades de uma industrialização ainda incipiente que ocorria naquele mesmo momento, principalmente no sul e sudeste do Brasil.

Vale recordar que o design funcional e racionalista atendia às demandas locais de um modelo de industrialização altamente padronizado, com base na estandardização e no rígido controle produtivo. Isto é, o modelo adotado colocava no centro do problema principalmente as questões fabris e as limitações tecnológicas, em detrimento do usuário-consumidor.

Com o passar do tempo, já nos anos 1970, época do denominado "milagre brasileiro", percebe-se que o projeto de industrialização local ocorreria a todo preço, visto que o governo militar instituiu a prática de abertura às empresas multinacionais, que transferiam seus produtos da matriz para o Brasil, inserindo apenas pequenas alterações que visavam a incrementar e/ou reduzir o preço produtivo, minimizando, em consequência, a qualidade do produto local.

O projeto racional no design brasileiro acaba, portanto, por não impulsionar um modelo com características próprias locais, vinculado à instituição de uma forte identidade com a nossa cultura material industrializável, e se confronta com a triste realidade imposta da "tropicalização" dos produtos importados (dos países de origem) por meio das grandes multinacionais.

Nos anos 1980, época das grandes contestações nos âmbitos conceitual, estético e formal da arquitetura e do design, as escolas brasileiras encontravam-se no dilema entre apoiar ou contestar o denominado radical design, a contracultura, o pós-modernismo e outras sinalizações da mudança que ocorria em diversos campos da arte e da cultura, principalmente em países da Europa e dos Estados Unidos. Uma coisa era certa: todas elas colocavam também em xeque a capacidade de o projeto racional moderno continuar como único modelo formativo dentro dos currículos das disciplinas projetuais que permeiam as áreas sociais aplicadas, como o design e a arquitetura.

Na sequência dos fatos e já nos anos 1990, o mundo assiste ao que poderá ser considerada, no futuro, uma de suas maiores transformações de cunho comportamental, ético e social. Primeiro por meio da popularização das tecnologias digitais e virtuais, e também pelo processo de globalização, que coloca em xeque

NOAH
Exposto em Hanover, Alemanha, classificado no concurso nacional IDEA/IDSA Brasil 2008 e posicionado entre os 300 melhores do mundo no concurso internacional If Concept Awards 2009.
Projeto: Andrei Alves França

FOTOS: ACERVO UEMG/MG

FOTOS: ACERVO UEMG/MG

LADRILHOS DO BRASIL
Selecionado para a IX Bienal Brasileira de Design Gráfico – ADG Brasil 2009 e publicado no livro *Design and Design – Book of the Year*, vol. 3, 2010.
Projeto: Iara Aguiar Mol

MESA TEIA
Finalista do I Prêmio Sebrae Minas Design, 2008.
Projeto: Nicolle Rincon, Richter Queiroz, Rodrigo Braga e João Thomaz Dirickson

a velha dicotomia entre centro-periferia, industrializado-agrícola, país desenvolvido e em via de desenvolvimento. O mundo deixava, na verdade, de ser dividido em espaços visivelmente delimitados entre ricos e pobres, cultos e ignorantes, civilizados e bárbaros. É como se os contêineres, rígidos e protegidos, fossem abertos e as mercadorias misturadas entre si; o mundo, então, estava rapidamente mudando.

O design, nesse contexto, repensa seu percurso e novos desafios se colocam à sua atuação, como a questão da sustentabilidade socioambiental, que interessa tanto aos países ricos como às nações pobres, ou a questão da identidade local, que passa a ter seu valor percebido por preservar os estilos de vida ameaçados pelo processo de aculturamento global. Os valores intangíveis e imateriais ganham novos espaços junto de questões projetuais, como as relações cognitivas e os fatores sensoriais. Novos modelos surgem como linhas-guia possíveis para a cultura do projeto, em que o velho briefing deixa de ser uma certeza com demandas precisas e respostas objetivas.

O ensino do design brasileiro, que ainda se ressentia da queda do modelo racional-funcionalista, teve também de procurar

respostas para as novas perguntas que os jovens estudantes faziam nas salas de aula de suas faculdades de design. Claro que as respostas não poderiam mais ser objetivas, tecnicistas e racionais. Muitas vezes, as respostas não se encontravam nem mesmo no âmbito das escolas de design. Elas poderiam – e podem – estar nas disciplinas antropológicas, sociológicas, psicológicas e tantas outras das áreas humanas, artísticas e sociais afins ou paralelas ao design.

Muitas de nossas escolas ainda apresentam dificuldades em aceitar as mudanças ocorridas, porque é bem mais simples repetir o que é facilmente repetível, controlável e de leve gestão. Os nossos alunos hoje completam suas aprendizagens em museus de arte contemporânea, nos filmes cult, nas músicas experimentais, nas viagens para o exterior, o que não constitui nenhum demérito para a academia. Esta deve, justamente, contar com essa nova realidade que se prefigura, valendo-se do modelo de autogestão do conhecimento. Não seria tarefa fácil, para nenhuma escola de design do mundo, querer que uma escola preencha todos os requisitos que se fazem necessários hoje para a formação em design. A nova escola deve ser aberta, fluida, dinâmica e indutora, e não mais pretensiosa de haver um modelo único formativo de ensino para o design.

A nova escola deve ser múltipla, como múltiplo é o modelo de globalização; deve ser uma escola transversal e atravessável, deve fornecer conteúdos culturais, históricos, críticos e reflexivos em maior escala. Uma escola com valores mais humanistas do que tecnicistas, e com conteúdos mais experimentais do que previsíveis. Somente assim a nova escola de design poderá preparar os alunos para as mudanças que ocorrem de maneira frenética neste terceiro milênio

MANCEBO GIFF
Finalista no 2º Concurso Craft de Design 2009 e classificado para o 24º Prêmio Museu da Casa Brasileira.
Projeto-arte: Rafael von Rondon Gomes e Déborah Cristina Araújo da Silva

BANHEIRO RESIDENCIAL SPA
Vencedor do concurso nacional Estudos de um Banheiro Deca, 2010.
Projeto: Luciana Costa Chaves

LINHA EXPEDIÇÃO
Primeiro lugar no concurso nacional Prêmio Design Sebrae, 2008.
Projeto: Edson Xavier e Wadson Amorim

SISTEMA DE TRANSPORTE COLETIVO SUSPENSO
Quarto lugar no concurso internacional If Concept Awards, 2010.
Projeto: Elisa Sayuri Freitas Irokawa e Rafael Osmar de Oliveira e Costa

PUFF MULTIUSO TUCUMÃ
Ganhador do I Prêmio Amapá Design – Sebrae, 2009.
Projeto: Edson Xavier (UEMG)

apenas iniciado. Lamentavelmente, escolas de design do Brasil e de muitos outros países ainda estão praticando o modelo que se prefigurou para o projeto moderno do século XX e isso pode retardar muito o processo de inovação por meio do design, instigante disciplina que trouxe consigo a esperança de amenizar a relação com a máquina e com os produtos industriais ao inserir novos fatores de uso e novas percepções estéticas.

Podemos intuir, concluindo, que as relações do design com o homem do futuro devem agora estar centradas no projeto de novos estilos de vida, novas experiências de consumo e estéticas possíveis, tendo como base a ética da sustentabilidade.

STAMPA

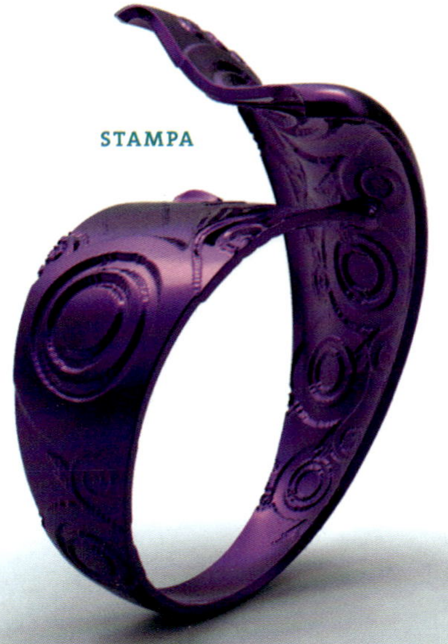

SABIÁ 6
Primeiro lugar no concurso internacional 3rd Eco Marathon of Américas Americas Innovative Design Award, 2009.
Projeto: Lívia Galvão Fiúza, Thayana Menezes, Mariana Ambrosio, Júnio L. Lima Oliveira, Sarah Carvalho, Josimar Souza Jr., Gilson Pereira Jr., Felipe Lessa Sampaio, Frederico G. Albergaria e Bianca Ribeiro

VOLKSWAGEM CONCEPT K
Finalista no concurso nacional Talento Volkswagen Design, 2008.
Projeto: Luiz Felipe de Melo Dias

MESA DUBAI
Finalista do I Prêmio Sebrae Minas Design, 2008.
Projeto: Artur Caron Mottin e Pedro Henrique Pereira Nascimento

MESA RÉGIA
Vencedor do 1º Prêmio Amapá Design – Sebrae, 2009.
Projeto: Rafael von Rondon Gomes, Déborah Cristina Araújo da Silva e André Pizarro

FOTOS: ACERVO UEMG/MG

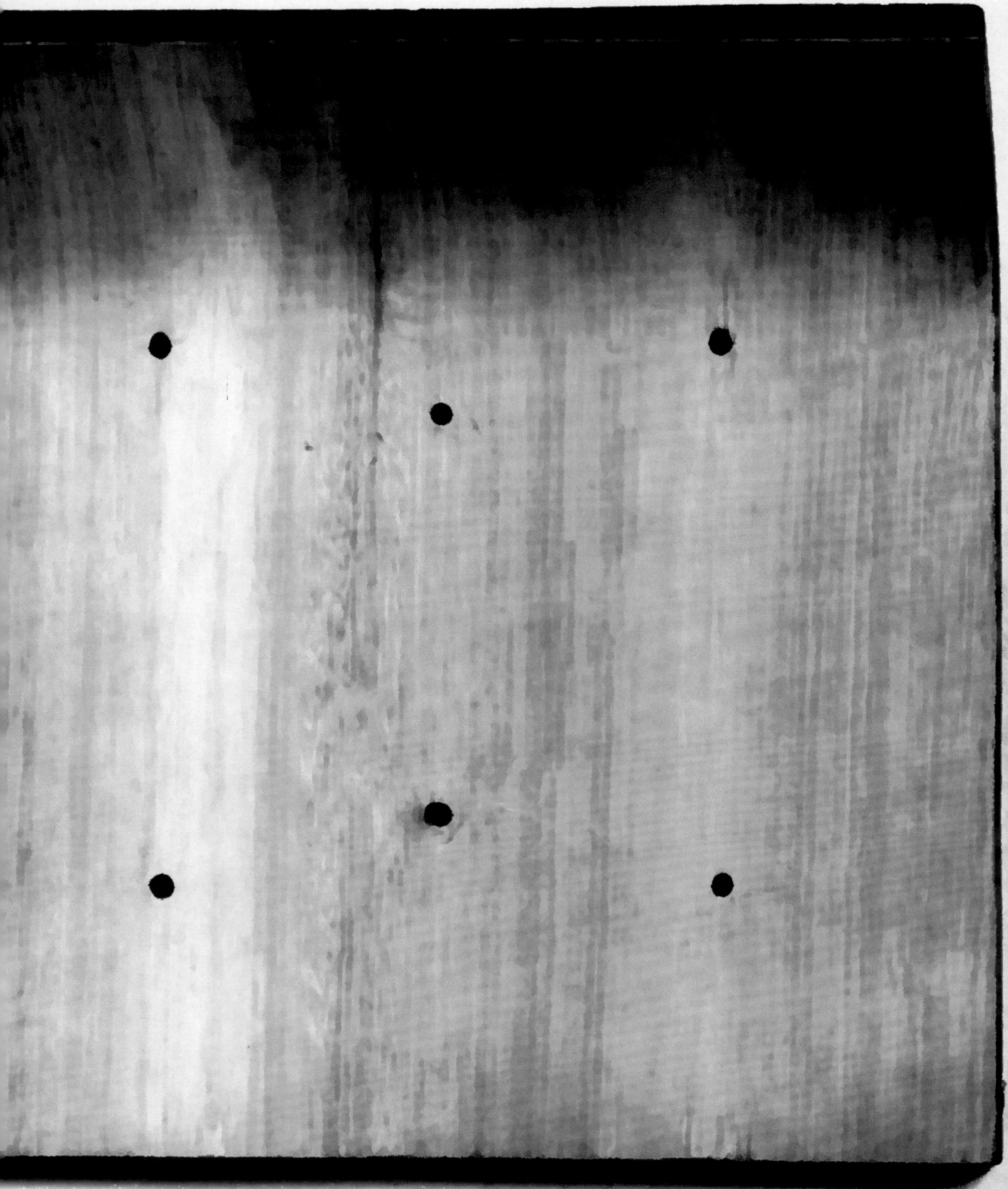

DESIGNERS
EM FORMAÇÃO
AURESNEDE PIRES STEPHAN

Nos últimos dez anos, o cenário acadêmico do design no Brasil pode ser caracterizado pela diversidade de caminhos e pela implantação de inúmeros cursos em todo o território nacional.

AURESNEDE PIRES STEPHAN

Designer e professor de design na Faap, Fasm, ESPM e IED e conselheiro do Museu da Casa Brasileira

A instituições como Esdi, PUC-Rio, UEMG, Faap, Mackenzie, Belas Artes e São Judas Tadeu, que mantêm suas habilitações na área de design desde a década de 1960, juntaram-se inúmeras outras, entre elas entidades tradicionais como a FAU-USP (Faculdade de Arquitetura e Urbanismo da Universidade de São Paulo), a ESPM (Escola Superior de Propaganda e Marketing) e o Centro Universitário Mauá.

Hoje, são oferecidos no Brasil aproximadamente 740 cursos na área de design, compreendendo-se entre técnicos, tecnólogos, bacharelados, pós-graduação lato sensu (especialização) e stricto sensu (mestrados e doutorados), além de cursos de extensão e de curta duração. Cumpre-se notar, também, a diversidade de áreas ou subáreas do conhecimento que estão sob o guarda-chuva da denominação design: design de produto, design gráfico, design visual, design digital, design de embalagem, design estratégico, gestão de design, design moveleiro, fashion design, design têxtil, entre outros.

Podemos observar, no período recente, mudanças acentuadas na dinâmica dos departamentos de design brasileiros. Assim, cabe aqui ressaltar alguns exemplos relevantes do que vem ocorrendo.

O design social vem ganhando força, gerando resultados interessantes em escolas como o Mackenzie – como bem descreve o professor Ivo Pons em outro artigo deste livro – e a ESPM. Nesta última, entre outras ações dignas de nota, foi criada, recentemente, por um grupo de alunos, a marca turística de São Luiz do Paraitinga, no vale do Paraíba, em um momento em que a cidade vive sua

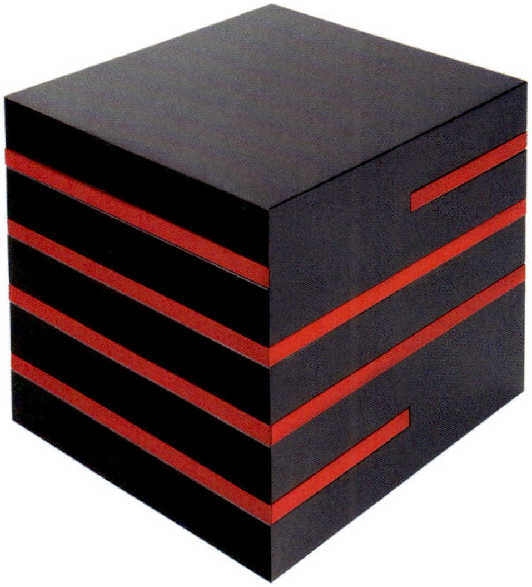

PRÊMIO TOK&STOK 2011
Cubo Totem.
Projeto: Felipe Estevan Ribeiro (Unesp)

ACERVO AURESNEDE PIRES

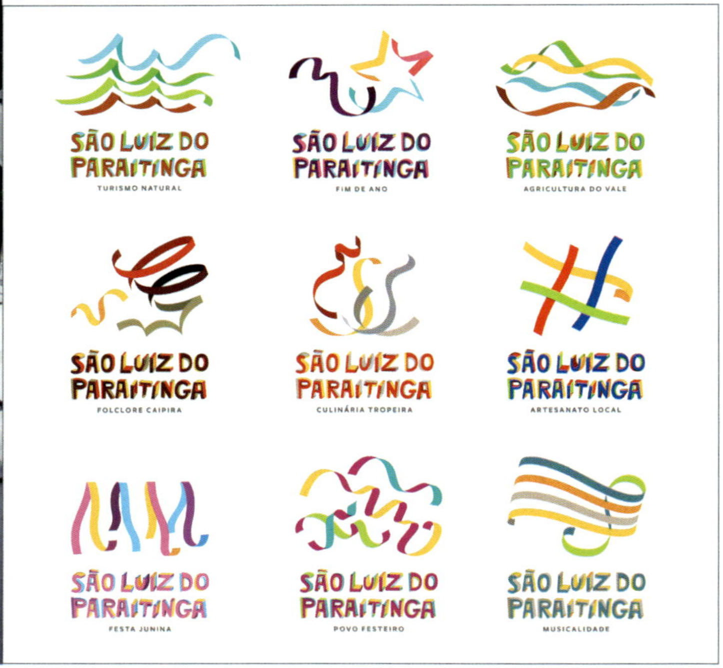

AURESNEDE PIRES/ESPM

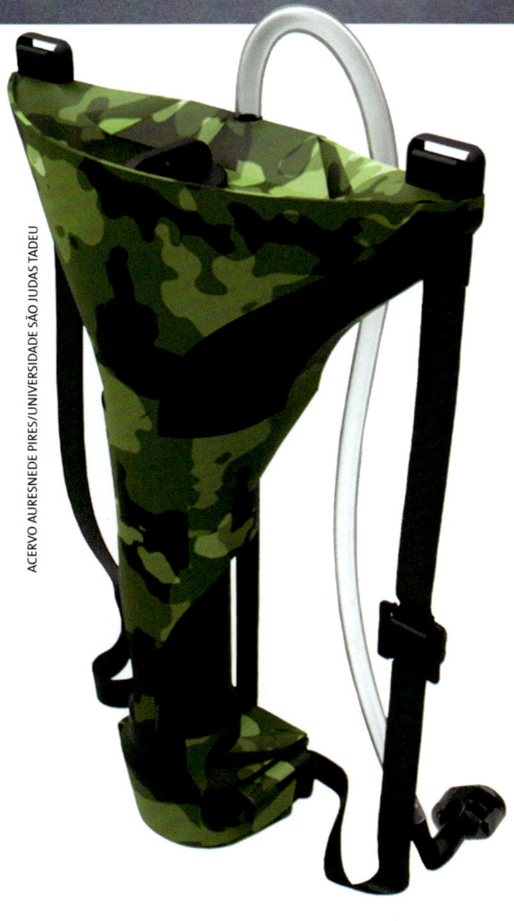

ACERVO AURESNEDE PIRES/UNIVERSIDADE SÃO JUDAS TADEU

DONIROSSET
Veículo esportivo lançado em junho de 2012.
Projeto: Fernando Morita

PROJETO SÃO LUIZ DO PARAITINGA
Design: Felipe Garcia

PURIFICADOR DE ÁGUA
Para o exército, 2011.
Projeto: Elisabete dos Santos Ferreira e Lucas das Chagas Festa

reconstrução após ter sido devastada pelas chuvas no início de 2010. O projeto de Cristiano Vinciprova Machado, Felipe Guimarães Garcia e Thomás Gaze Debeus teve como objetivo incentivar o emprego estratégico das ferramentas de design visual e marketing junto dos atuais e futuros gestores do setor público, com fins na melhoria da comunicação do turismo local.

O mundo, a partir dos anos 1990, passou por um processo de transformação diante do novo contexto da inovação, da tecnologia e da competitividade, mais do que nunca globalizada. É evidente que todos esses fatores fazem parte do desenvolvimento de produtos, e, por sua vez, incluem também o universo do design.

Uma série de ações exemplares no sentido de integrar os alunos aos desafios contemporâneos foi implantada na Escola de Design da UEMG pelo professor Romeu Dâmaso de Oliveira (falecido em novembro de 2011). Entre elas foi

ETP
Equipamento de Transferência Pessoal, IV Mostra Jovens Designers.

GARRAFA TÉRMICA
Projeto: Alunos da Universidade Oswaldo Cruz

criado o Centro de Extensão, do Laboratório de Design Gráfico, e o Centro de Pesquisa e Desenvolvimento em Design e Ergonomia, estimulando rupturas de comportamento e de linguagem que permitiram uma assimilação mais ampla, pelos alunos, de métodos, técnicas e repertórios. Foi implantado, também, o Centro Design Empresa, que promove a inserção do design em diferentes setores empresariais públicos e privados, enfatizando o atendimento das micro às grandes empresas, além de demandas de produção artesanal do estado de Minas Gerais. E foi fundada, ainda, a Incubadora de Empresas de Design da UEMG, motivada pela constatação de que não bastava esclarecer o mercado sobre os atributos do design e os alunos sobre a realidade

ACERVO AURESNEDE PIRES

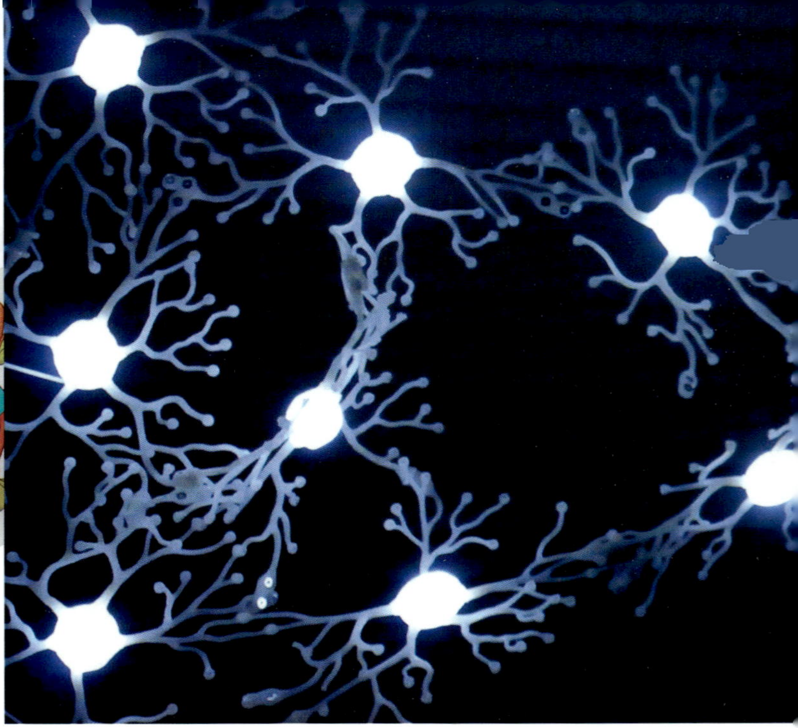

BABOO
Brinquedo educativo. IV Mostra Jovens Designers.
Design: Rafaely Bernardinelo e Bruno Silveira Camargo

LUMINÁRIA NEURO
O projeto permite ao usuário a montagem de sua própria rede neural, e, além de luminária, pode ser utilizada como divisória.
Design: Caio Mendes

SANITÁRIO PÚBLICO
Móvel ecoeficiente.
Design: Bernardo Furlanetto, Gustavo Garcia Martins, Patricia de Andrade, Raphael Alves Rosa e Taili Gomide Tonetto

de seu futuro profissional, era necessário preparar esses jovens com ferramentas e informações e estimular iniciativas inovadoras. São exemplos a serem seguidos por todas as instituições da área de design.

A última década foi pródiga na promoção do design por meio de inúmeros concursos e premiações, que proporcionam melhor visibilidade junto do público, da imprensa e da classe empresarial. É interessante observar que atualmente,

MARIANA CHAMA/MCB

EXPOSIÇÃO FAU/FORMA
Mostra da primeira turma de Design da FAU/USP, 2011, no Museu da Casa Brasileira.

SKYDROPS
Sistema de coleta e tratamento de água.
Design: Guilherme Rodrigues de Carvalho e Murilo Gonçalves Gomes

no Brasil, praticamente todos os segmentos do design são contemplados com uma ou mais premiações: no segmento moveleiro, por exemplo, temos os prêmios Tok&Stok, Casa Brasil, Movelsul e Masisa; nos eletrônicos, o Prêmio Whirpool; nos calçados e acessórios, o prêmio da Feira de Calçados; no de shape automobilístico, o Color&Trim, o Concurso Talento Volkswagen e o Plascar/SAE Brasil; na utilização de alumínio, o Prêmio Alcoa; na joalheria, os prêmios AngloGold Auditions e IBGM; em utilidades domésticas, os tradicionais prêmios da House Gift Fair e da Craft Design; em cartazes, o Prêmio do Museu da Casa Brasileira, entre outros. Há ainda as premiações que envolvem diversos segmentos criativos e também contemplam a categoria dos estudantes, como Prêmio de Design do Museu da Casa Brasileira, Prêmio Idea, Prêmio Sebrae de Minas Gerais e Novíssimos da Bienal Brasileira de Design.

Por fim, vale destacar a iniciativa da ADP (Associação de Designers de Produto), que promove, desde 2006, a Mostra Jovens Designers, voltada a estudantes de design de produto de todo o Brasil, com o intuito de estimular a formação de novos talentos, difundir a cultura do design e contribuir para o desenvolvimento como elo criativo. Na IV Edição, a Mostra

ACERVO AURESNEDE PIRES/UEMG

UEMG
Centro de Integração Design Empresa.

ACERVO AURESNEDE PIRES

ADAPTADOR
Adaptador de talheres para crianças. IV Mostra Jovens Designers.

ACERVO AURESNEDE PIRES

CIRCO DOS SONHOS
Prêmio Tok&Stok 2009.
Design: Tamara Barbian (Universidade Feevale, RS)

ACERVO AURESNEDE PIRES/FAAP

continua a crescer, contabilizando instituições de design de todos os estados do Brasil e cumprindo sua proposta itinerante, passando por cidades como São Paulo, Curitiba e Recife, além de ter conquistado uma exposição internacional durante o Salão do Móvel de 2012, em Milão.

Entendemos que existem complexos desafios na formação acadêmica e principalmente na transição da universidade para o âmbito profissional, mas observamos, felizmente, que a garra e a tenacidade dos profissionais envolvidos no setor abrem grandes oportunidades de integração e reconhecimento aos novos designers que chegam ao mercado brasileiro. ●

BANQUETA
Design: Gabriel Inácio

BIJUTERIA
Com restos de couros da Ooze Leather. IV Mostra Jovens Designers.

TÊNIS TSUKAMI
Mostra Jovens Designers.

UMA NOVA DIMENSÃO SOCIAL

IVO PONS

O design possui um papel privilegiado no contexto atual, de mudanças sociais e ecológicas. A postura projetual propositiva e a abstração contextual fazem do designer um articulador nato.

IVO PONS

Presidente da ONG Design Possível, diretor da ADP e professor da Universidade Mackenzie

Em um momento complexo e cheio de mudanças, em que os atores são plurais e os processos, múltiplos, muitas são as iniciativas que se valem dessas expertises para propor ações eficazes de valorização cultural, transformação social, inclusão produtiva ou redução da vulnerabilidade social.

No rico ambiente universitário, em que na última década a extensão se fortaleceu, existe um grande número de projetos, atividades e programas de extensão ligado a cursos e a docentes de design. As iniciativas universitárias desempenham dois papéis fundamentais: promovem a aplicação das ferramentas e dos conceitos ligados ao design em comunidades que, em sua maioria, não teriam condição de obtê-los em outras fontes; e, com isso, no melhor estilo "extensionista", devolvem à sociedade o conhecimento e as experiências desenvolvidos e cultivados intramuros.

De outro lado, o engajamento dos futuros designers em atividades de cunho social, ligadas a pequenos ou micronegócios, a comunidades carentes ou ao fazer artesanal, auxilia no desenvolvimento de um arcabouço de experiências e conhecimentos que traz à sociedade um novo profissional, experimentado em questões sociais e sabedor do potencial de seu papel na transformação do país.

DIVULGAÇÃO MUNDARÉU/FOTO: BÁRBARA ALLAIN

ITENS DE DECORAÇÃO
Confeccionados manualmente pelos integrantes da Rede Arte da ilha Guarujá. O projeto é apoiado pela Associação Mundaréu, que capacita e estimula os negócios populares de produção artesanal.

DIVULGAÇÃO/MUNDARÉU

Merino (UFSC) e atua tanto na geração de renda junto de entidades do terceiro setor como no desenvolvimento de soluções para a agricultura familiar, um campo ainda pouco explorado pelos designers em geral, mas que deve consolidar-se como uma valiosa fonte de recursos para os pequenos e micromunicípios brasileiros.

BORDADO REDE DE PESCA
Produtos Arte da Mata, criados por artesãs de Mato Grosso que reproduzem a flora e a fauna do cerrado.

RESÍDUOS
De materiais da TAM e Honda geram novos produtos e renda para o grupo Cardume de Mães, em uma parceria organizada pelo Design Possível de São Paulo.

O Design Possível Santa Catarina, sob a articulação das professoras Lurdete Cadorin Biava e Isabela Sielski, ambas do IFSC (Instituto Federal de Santa Catarina), é um exemplo do que poderíamos chamar de "franquias sociais universitárias". Fundado pelo então professor Mauro Rego a partir das iniciativas desenvolvidas pelo Design Possível São Paulo, tem construído experiências e obtido resultados sólidos no trabalho com jovens em situação de vulnerabilidade e comunidades indígenas, entre outras.

E, por último, mas não menos importante, a iniciativa com a qual compartilho, o Design Possível São Paulo, que, embora inicialmente (2004) tenha nascido no ventre do curso de Design da Universidade Mackenzie, caminha com independência como uma entidade do terceiro setor, em uma articulação de associação e empresa social sem fins lucrativos, e promove ações ligadas ao enfrentamento da situação de vulnerabilidade da metrópole, mas também a inovação social e o desenvolvimento de novos modelos de negócios sociais intimamente ligados ao design.

Assim como o Design Possível, é grande o número de ONGs que atuam baseadas no design, seja utilizando-o como ferra-

DIVULGAÇÃO/MUNDARÉU

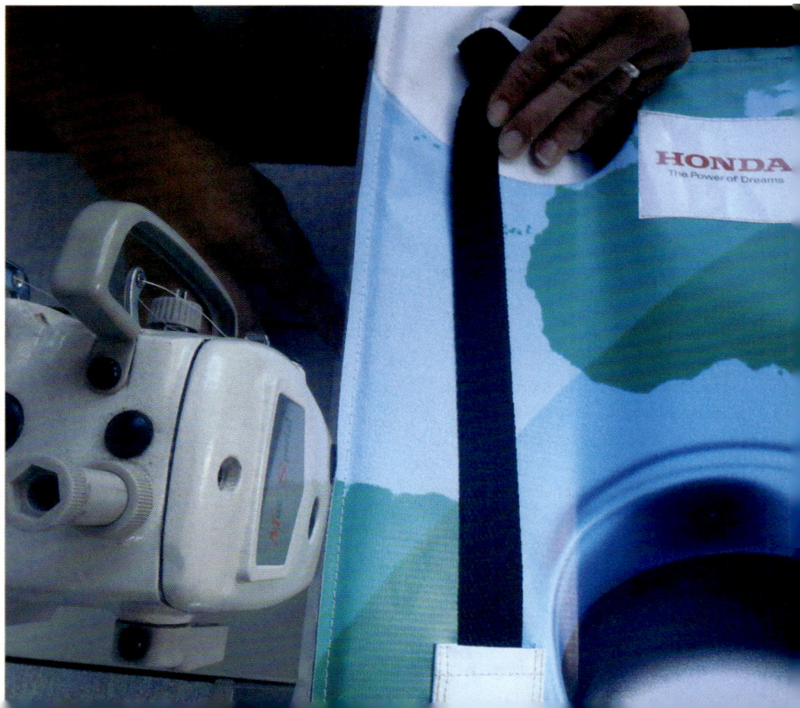

DIVULGAÇÃO/MUNDARÉU

menta sólida no processo de desenvolvimento social, ou seja usando-o ainda como diferencial competitivo na busca por oportunidades de negócio para pequenos grupos produtores.

Precursoras desse processo, ONGs como a Mundaréu, Artesol, Vivarta, Instituto Meio e Oficina Nômade há mais de uma década criam projetos e promovem o desenvolvimento de comunidades artesanais ou em situação de vulnerabilidade. Em comum, a forte participação de designers em articulação com psicólogos, cientistas sociais, arte-educadores, entre outros profissionais.

O caráter transdisciplinar das entidades do terceiro setor reforça as novas perspectivas de atuação profissional dos designers, em que a articulação e a estratégia voltada para a inovação social podem estimular o surgimento de novos e interessantes modelos de negócios.

As empresas que já possuem projetos sólidos no enfrentamento de problemas sociais, e que devolvem à sociedade parte de seu lucro em ações sociais regulares, já perceberam o potencial da atuação do designer. O Consulado da Mulher, projeto social da empresa Whirpool, e o Centro Comunitário Irwin Miller, da empresa Cummins do Brasil, são exemplos dessa integração e da aplicação das ferramentas e do "olhar" do designer.

Além dos projetos de responsabilidade social internos, iniciativas da Volkswagen Brasil, com a Mundaréu, ou da TAM e da Honda, com o Design Possível, mostram como essas parcerias entre o segundo e o terceiro setores podem ser sinérgicas e profícuas, com benefícios e aprendizado para ambos.

A ebulição de iniciativas e a consolidação das ferramentas sociais no escopo da formação e aplicação do design mostram que essa dimensão socioeconômica do design está cada vez mais alinhada com a agenda ecológica presente, o que conduz a um resultado eficaz na articulação de soluções sustentáveis.

PROJETO COSTURANDO FUTURO
Costureiras do Grupo Tecoste reaproveitam materiais como bancos de carro e uniformes para elaborar novos produtos, uma parceria entre a Associação Mundaréu e a Fundação Volkswagem.

DIVULGAÇÃO/NDG-UFSC

IDENTIDADE VISUAL
Embalagens reaproveitáveis para Cofasul (marca Vinho), visando à valorização dos pequenos produtores locais.

Vila Hamburguesa
Tancredo Coutinho
Jaguaré
Nova Jaguaré
R. Cerro Corá
Vila Ida
Parque Villa-lobos
Jardim Atibaia
Vila Beatriz
Djalma Coelho
Alto de Pinheiros
Pinheiros
Vila Polopoli
Jardim Rizzo
Butantã
SP-270
Av. Vital Brasil
Av. Brg. Faria Lima
Jardim Guedala
Instituto De Previdencia
SP-270
Parque Alfredo Volpi
Vila Progredir
Av. Eliseu de Almeida
Jardim Jussara
Coliseu
Morumbi
Praça Vinicius de Morais
Vila Sônia
Jardim Monte Kemel II
Jardim Panorama
Jardim Morumbi
Av. Giovanni Gronchi
Cidade Moncoes
Vila Suzana

O QUE VOCÊ ESCREVE NO CAMPO "PROFISSÃO"?

MICHEL LENT SCHWARTZMAN

De todas as matérias que tive durante minha graduação em desenho industrial com habilitação em comunicação visual pela PUC-Rio, a cadeira de planejamento, produto e desenvolvimento (carinhosamente chamada de PPD) certamente foi a mais marcante.

MICHEL LENT SCHWARTZMAN

Designer gráfico e sócio do Grupo.Mobi

Ela é a "alma" do curso e a base para a metodologia de projeto utilizada pelo designer para abordar e buscar soluções para qualquer situação problemática. Algo que te acompanha por toda a vida, mesmo que você não se dê conta.

Foi assim comigo.

Concluí meu curso em 1994 e no mesmo ano segui para uma carreira que, a princípio, pouco parecia ter em comum com o design. Emendei um mestrado em Telecomunicações Interativas em Nova York e orientei minha carreira para trabalhar com internet. Meu trabalho passou a ser relacionado à criação de produtos interativos, basicamente websites, com muito trabalho em cima de desenhos de interface e linguagens de programação.

De volta ao Brasil e alguns anos mais tarde, sempre levado pela internet, acabei indo trabalhar com publicidade digital, pensando soluções de comunicação para os clientes, campanhas, planejamento de mídia. Mais anos se passaram, e da publicidade digital reorientei minha carreira para os produtos interativos, agora não mais unicamente websites, mas projetos multiplataforma.

Um observador pouco atento, eu mesmo até, consideraria que a minha carreira teria derivado completamente daquilo que a escola de desenho industrial me havia ensinado há quase 18 anos. Poderia dizer que eu havia me tornado um webdesigner ou até mesmo um publicitário. Mas vejo que ao longo de todo esse tempo jamais deixei de praticar exatamente as mesmas etapas aprendidas na metodologia de PPD dos tempos da PUC, sempre que deparei com o desafio de projetar qualquer tipo de produto. A abordagem utilizada para encontrar soluções para os produtos interativos e mesmo tecnológicos não é outra senão exatamente a mesma praticada repetidas vezes durante o curso de desenho industrial. Defina a situação problemática e seu público-alvo. Estude situações análogas, planeje a solução, teste e desenvolva.

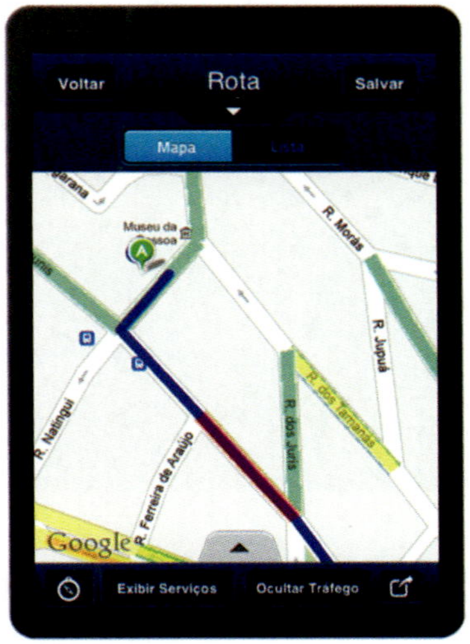

PORTOVIAS
É um serviço que oferece informações em tempo real sobre o trânsito na Grande São Paulo e região metropolitana do Rio de Janeiro. Permite a gravação de trajetos, a consulta das condições das estradas e das vias mais rápidas da cidade e as melhores rotas.
Design: Grupo.MOBI

RIO GUIA OFICIAL HD
A aplicativo apresenta informações turísticas da cidade do Rio de Janeiro, em três idiomas: português, inglês e espanhol.
A plataforma possui dados sobre toda a rede hoteleira da cidade, restaurantes e bares, além de um guia completo com agenda cultural, eventos e programação oficial, além de dicas de esportes e pontos turísticos.
Design: Grupo.MOBI

Deixando de olhar o detalhe e percebendo o contexto, na definição mais abrangente do design, entendemos que essa é a disciplina responsável por projetar tudo aquilo que está à nossa volta e é de uso humano. Móveis, carros, ferramentas, utensílios, o que você conseguir imaginar – tirando as grandes edificações, estas de responsabilidade da arquitetura e da engenharia, cujos profissionais são, afinal, nossos "primos" de função. Por que então não deveria ser também função do designer o projeto de produtos interativos e mesmo tecnológicos, uma vez que estes também são de uso do homem?

Evidentemente que há muita diferença, em especial na parte técnica, entre aquilo que aprendi na faculdade no século passado e o que precisei aprender ao longo da minha vida profissional para ser capaz de planejar produtos interativos e de tecnologia, mas indiscutivelmente a metodologia usada é o bom e velho PPD. O que me faz entender que aquilo que faço hoje em dia é tão somente o mesmo que aprendi na faculdade e que me acompanhou todo esse tempo. Mesmo quando pensei que havia me distanciado, sempre continuei escrevendo "designer" no campo "profissão" dos formulários. E agora finalmente entendo por quê.

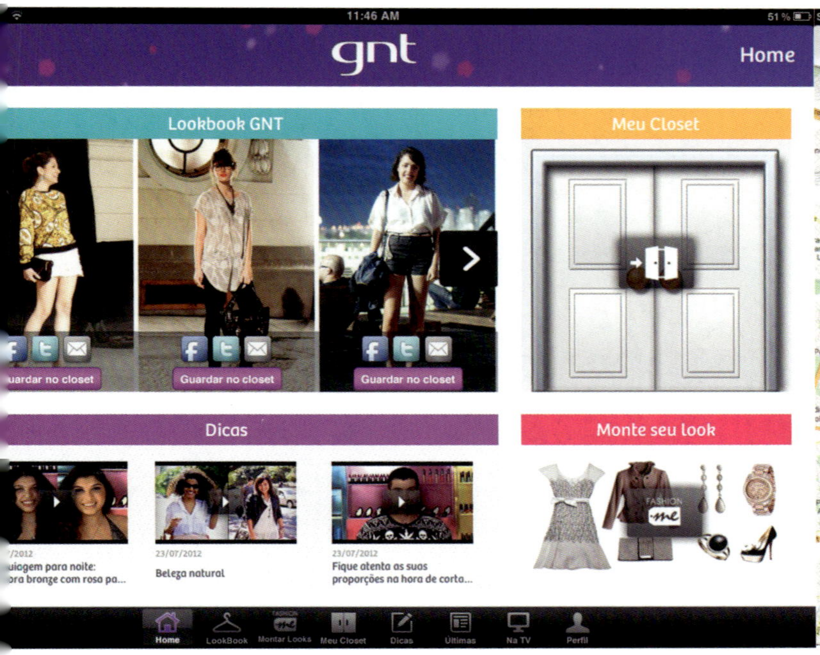

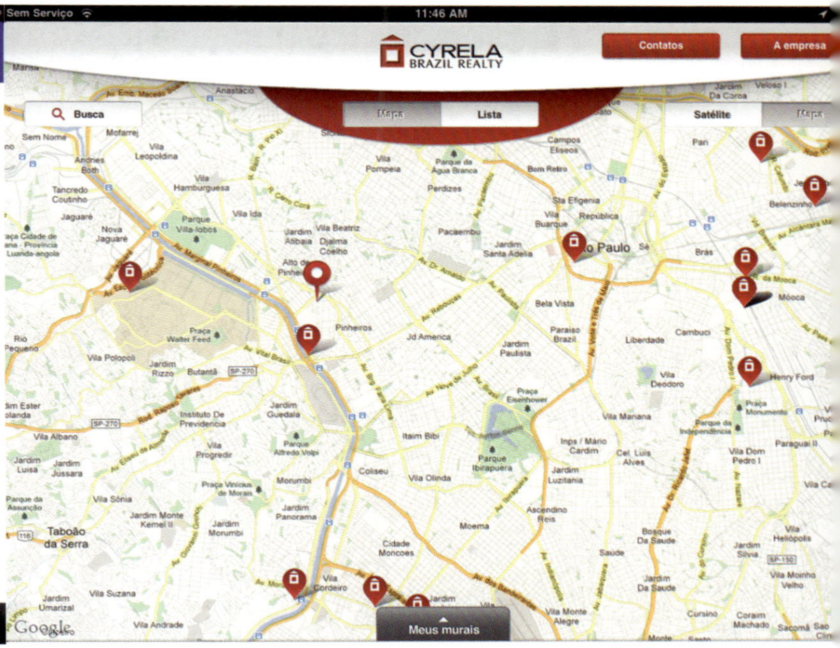

CLOSET GNT
Closet virtual em que é possível guardar e compartilhar todas as referências de moda e beleza.
Design: Grupo.MOBI

BRASILEIRÃO EMBRATEL 2012
Aplicativo que permite acompanhar no iPad os resultados das partidas de futebol das séries A e B do Campeonato Brasileiro.
Design: Grupo.MOBI

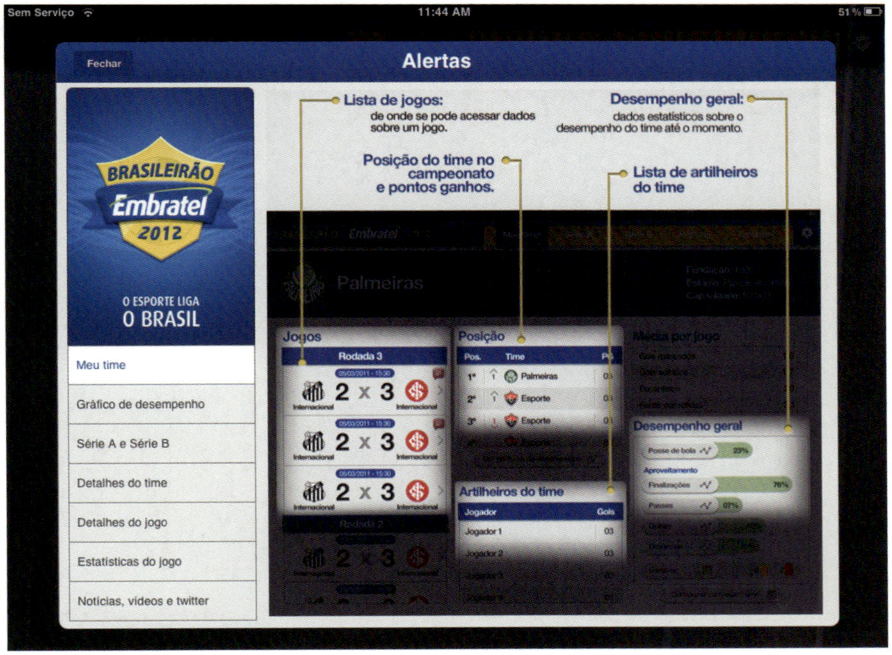

CYRELA
Aplicativo exclusivo para iPad e iPhone, com localização dos empreendimentos próximos por mapa ou por lista; sistema de buscas; contato com corretor etc.
Design: Grupo.MOBI

MERCADOS CRIATIVOS

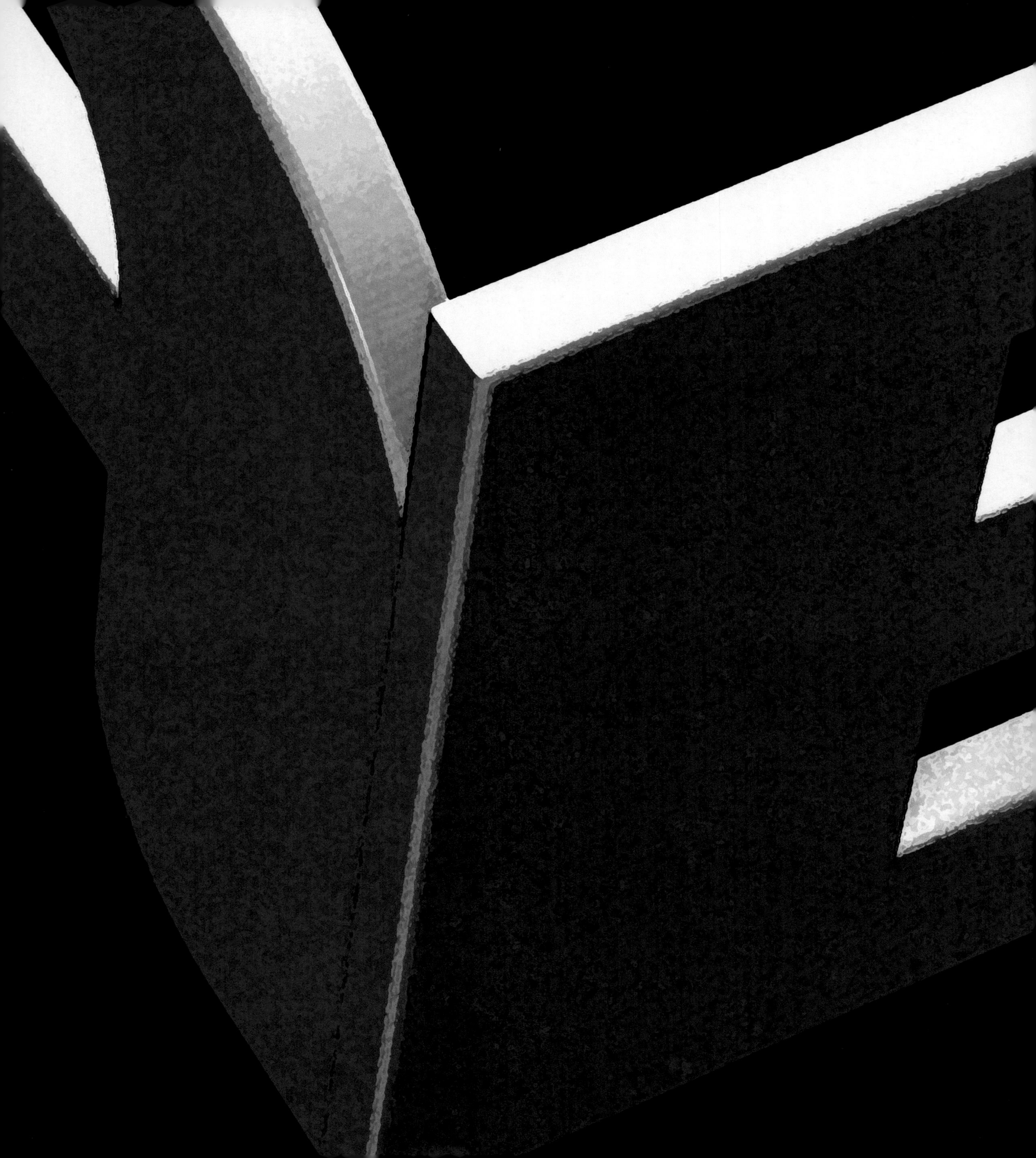

O DESIGN COMO ESTRATÉGIA PARA OS NOVOS TEMPOS

GISELA SCHULZINGER

Definitivamente, o mundo mudou. Depois da revolução tecnológica do fim dos anos 1990 e da chegada das redes sociais, entramos em um novo momento histórico.

GISELA SCHULZINGER
Professora do curso de graduação em design da ESPM e diretora de brand innovation da Pande

Com isso, as relações entre marcas, produtos e consumidores foram ressignificadas e, hoje, os valores que regem essas relações são baseados em conceitos como compartilhamento, engajamento, inclusão, conexão, inspiração, pluralidade, flexibilidade e sustentabilidade, ou seja, valores intangíveis ligados às questões emocionais, que têm impacto no dia a dia das pessoas e que possibilitam trocas, encontros, experiências e relacionamento.

No universo empresarial, novos desafios surgiram, como o aumento da competitividade, das cobranças relacionadas às questões ambientais e sociais, do acesso aos mercados globais, além do nascimento de um consumidor mais informado, exigente e sofisticado.

Surge, dessa forma, uma demanda por novos produtos e serviços, que proponham soluções cada vez mais sofisticadas, que gerem vivências, sensações e experiências, que satisfaçam necessidades racionais e objetivas, mas também psicológicas e emocionais e, principalmente, que sejam inspiradores e promovam engajamento emocional. Agora, as empresas e suas marcas só se conectam com os consumidores se houver identificação de propósitos, geração de conhecimento ou proposição de atitudes relevantes.

Para responder a essas novas exigências e criar propostas consistentes, os modelos tradicionais de gestão, utilizados até hoje pelas corporações e instituições, carecem de uma revisão profunda, que enfrente a complexidade dessas transformações. Há de se rever processos, equipes, modelos de negócios e, principalmente, redefinir o papel das empresas na comunidade, na sociedade e no planeta.

É nesse contexto que o design e o processo de criação do designer têm sido cada vez mais entendidos e adotados como estratégia para o desenvolvimento de novos conceitos e solução para os mais variados tipos de problema. Hoje, o design já é uma atividade integrada às práticas estratégicas e mercadológicas das empresas e dos negócios e considerado um dos pilares de construção e gestão de marca e inovação.

PAPAIZ
A linha de cadeados Papaiz ganhou redesign e novo posicionamento de mercado.

CHEVROLET
Criação de um conceito e uma linguagem para os acessórios Chevrolet com o objetivo de despertar o desejo de compra por meio da personalização.

Por ser uma atividade holística, intuitiva, multidisciplinar e colaborativa, mas também projetual, metodológica e técnica, que pressupõe observação, diálogo, experimentação, compartilhamento de ideias, envolvimento e participação de pessoas com diferentes conhecimentos, o design possibilita e fomenta o surgimento de ideias criativas e soluções inusitadas, promovendo, assim, a diferenciação e a competitividade de produtos e serviços, a inovação nos processos e na linguagem, gerando soluções que impedem qualquer

ABRE
Para redesenhar a marca da Abre traduzindo seu novo momento, foi feito um aprofundado projeto de branding, redefinindo assim visão e perspectivas.

DIVULGAÇÃO/PANDE

prejuízo da experiência cognitiva, estética, funcional ou emocional. De um lado, conecta com o lado conceitual e subjetivo, a criatividade; de outro, conecta com o lado objetivo e metodológico, materializando conceitos e ideias.

Com a ampliação da atuação do design como disciplina estratégica e transversal, uma vez que está presente em todos os setores produtivos da economia justamente por ter diversos pontos de convergência com a inovação e a diferenciação, várias segmentações ou especializações surgiram e hoje temos o design de serviços, design sustentável, ecodesign, design social, design emocional, design digital, design de superfícies, além do design gráfico e do design de produto. Na verdade, não são disciplinas isoladas ou estanques – uma pode estar contida na outra; e na maioria das vezes é assim, o desenvolvimento de um produto pode estar ligado a uma questão social ou ambiental (ecodesign), o desenho de uma marca pode ser fundamental para destacar um novo serviço, e assim por diante.

O fato é que o design aparece de alguma forma em tudo, e a grande oportunidade reside em reconhecê-lo e utilizá-lo estrategicamente no início dos processos de desenvolvimento, para obter inovação e criar diferenciais, e não apenas de forma tática, considerando-o somente uma ferramenta estética, que será incorporada ao fim do projeto, seja de uma nova empresa ou de uma linha de embalagens.

Vale observar que em grandes corporações do mundo, como Coca-Cola, Apple, 3M, P&G, BMW, Google e IBM, para citar apenas algumas, o design é um dos pilares estratégicos do negócio. No Brasil, esse processo também já se iniciou, a exemplo de empresas como Embraer, Natura, Havaianas, Coza e Papaiz, entre outras.

O design projeta para o futuro, materializa intenções, constrói percepções e conceitos, gera inovação, diferenciação e experiências. Por essas razões é, sem dúvida, uma poderosa ferramenta para a construção de corporações ou instituições que objetivam um desenvolvimento sustentável, com propostas relevantes e que inspirem e mobilizem pessoas para a construção de um planeta possível e viável para a humanidade.

NATIVE
Para a Native foi feito um projeto de imersão e entendimento do seu consumidor, resultando na elaboração de uma nova linguagem própria e diferenciada no mercado de orgânicos.

O VALOR DO BRANDING
CESAR HIRATA

Sob um olhar contemporâneo, marca é definida como algo vivo, orgânico, dinâmico. Entende-se hoje que a marca ganha existência e forma com base em um conjunto de percepções e experiências.

CESAR HIRATA
Diretor-executivo de criação e sócio da FutureBrand

Não reside apenas no produto ou na empresa, nos ícones, naquilo que é concreto. Tão intangível e fluida quanto poderosa, a marca pode provocar desejo, tocar as pessoas ou aglutiná-las em torno de ideias e causas, catalisar transformações em mercados, impregnar culturas. Tem dono, mas é compartilhada – e aí está sem dúvida um dos aspectos que explica por que adquire tanto valor.

Lidar com a complexidade de inter-relações entre marcas e pessoas tem sido o foco do branding nos últimos 20 anos. Essa disciplina ou ferramenta ou área de conhecimento – tanto faz em que categoria a coloquemos – é desafiadora e multifacetada como seu objeto. Apresenta-se essencialmente como amálgama de saberes e especialidades, percorrendo o marketing, a administração, o design, a arquitetura, a psicologia, a linguística, a comunicação etc. Sua relevância para os gestores, sua força e vitalidade têm relação com esse caráter de amálgama. Em outras palavras, seu mérito está em metaforicamente eliminar as paredes que isolam as diferentes disciplinas para criar um ambiente amplo, permeável e pulsante. Fundir visões e funções. Pensar e criar em conjunto, e assim decifrar o que move o consumidor, hoje totalmente reconfigurado em tamanho, exigências e expectativas.

O design tem sido peça importante nessa evolução. Designers trabalham historicamente com as "expressões da marca". Aspectos profundamente identitários e icônicos são obras do design – logotipos, embalagens, com seus formatos e texturas, para nos restringirmos a exemplos bastante eloquentes. Essa síntese vem sendo útil e necessária.

Desde sempre, os profissionais do design usam seu talento, sua técnica e seu repertório para compor a personalidade das marcas. E há intenção e significado em suas escolhas, ainda que elas tenham sido ditadas por intuição, sensibilidade e criatividade. O que muda, então? Em equipes multidisciplinares de branding, designers passam a ter seus esforços criativos embasados por novas e esclarecedoras informações. Quais são as motivações que impulsionam a marca? Como se caracterizam os públicos com os quais interage? Como a marca pode diferenciar-se de seus competidores? Quais são os conceitos que a sintetizam e orientam? A estratégia de marca busca respostas para questões dessa natureza. "Educa" o olhar do design para novas e diferentes abordagens. Mas cabe lembrar que estamos descrevendo um ambiente permeável, em que há diálogo e troca. Habilidades que configuram a essência do design e da linguagem visual (ou verbal, mas essa é outra

FOTOS: DIVULGAÇÃO/FUTUREBRAND

PONTO FRIO
Atualizar as identidades visuais para reforçar atributos mais jovens (2009).
Design: FutureBrand BC&H

FOTOS: DIVULGAÇÃO/FUTUREBRAND

PÃO DE AÇÚCAR E PONTO FRIO
Marcas do GPA, mudaram suas logomarcas e atualizaram as identidades visuais para reforçar atributos mais jovens (2009).
Design: FutureBrand BC&H

MEDLEY
Após refinar a identidade da Medley em 2005, a FutureBrand desenvolveu todo o projeto da nova sede da empresa, pensando o design em todas as suas funcionalidades e estratégias de aplicação.
Design: FutureBrand BC&H

história) também contagiam aqueles que têm como tarefa propor um posicionamento de marca. No âmbito do branding, criação e estratégia devem ser – e efetivamente o são – indissociáveis. O insight muitas vezes brota em uma cabeça, floresce em outra e frutifica ainda em outra. Para enfrentar os desafios do branding, precisamos ser capazes de buscar soluções onde quer que elas estejam.

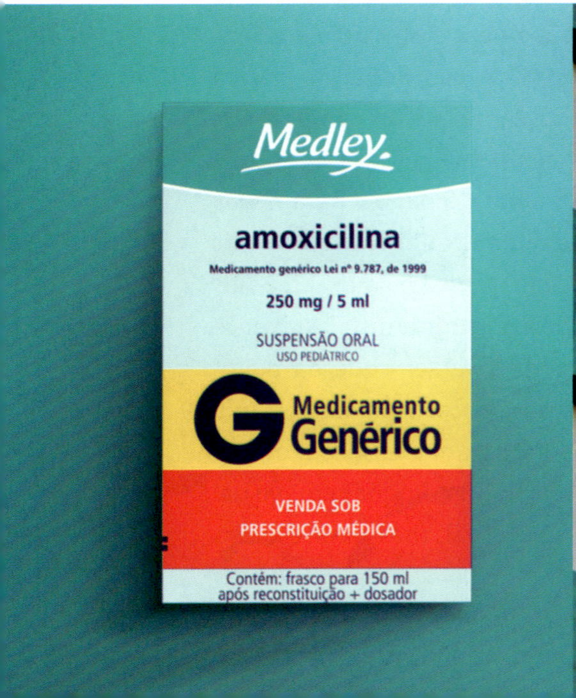

NESCAU
Embalagem premiadíssima no IDEA/Brasil 2009, o Nescau 2.0 trouxe nova linguagem e jovialidade ao tradicional produto líder de mercado, dando um upgrade na marca (2007).
Design: FutureBrand BC&H

CIELO
Passando de VisaNet a Cielo, a marca se renova desde o naming até uma nova logo e cores mais associativas e abstratas, criando uma identidade própria para a empresa do Grupo Visa (2009).
Design: FutureBrand BC&H

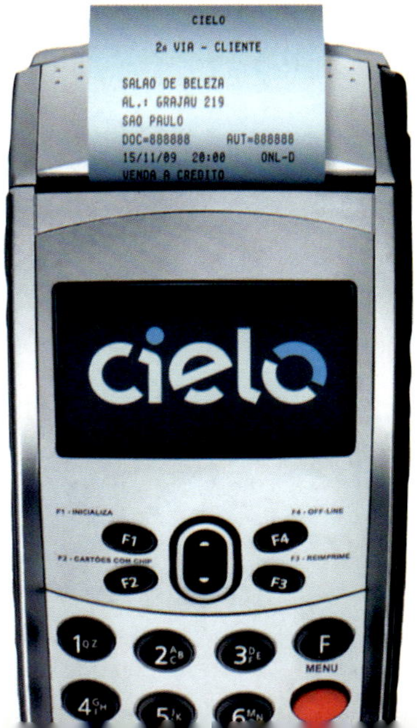

Desenhar estratégias

O projeto de branding realizado pela FutureBrand para a marca Nescau ilustra bem essa reflexão. A multinacional Nestlé, detentora dessa marca brasileira que remonta aos anos 1930, tem sido capaz de manter o Nescau como número 1 em seu segmento. Ainda assim, havia detectado potencial de renovação e valorização. O desafio que uma equipe multidisciplinar abraçou foi o de identificar o que existia de mais precioso na marca, compreender sua essência para, a partir daí, propor ações em diversas frentes. Entre os pilares que sustentam o Nescau está o fato de ele ser um clássico, característica que é genuína, inalienável e se alimenta de vínculos afetivos fortes com os consumidores. Clássicos têm mais do que expressões, têm ícones. As ações de design decorrentes consideraram tal descoberta. As novas embalagens de um produto com fórmula modificada, Nescau 2.0, foram reinventadas e passaram a traduzir em formato o conceito de energia, próprio da marca. O singular substituiu o padronizado. O Nescau transformou-se.

Em outras circunstâncias, no entanto, romper pode ser imperativo. A empresa brasileira de medicamentos genéricos Medley, desde 2009 sendo parte do grupo Sanofi e hoje

FOTOS: DIVULGAÇÃO/FUTUREBRAND

presente em diversos países da América Latina, inventou seu próprio espaço no mercado. Quebrou paradigmas no poderoso e globalizado segmento farmacêutico. Antes da Medley, genérico significava, para os brasileiros, um remédio "sem marca". Se a fórmula e a produção são de confiança, para que, afinal, investir em marca? Um inovador, abrangente e consistente projeto de branding provou exatamente o contrário, preparando sua trajetória para consolidar-se como líder do mercado de genéricos.

BOTICÁRIO
Um extenso processo estratégico foi feito para arquitetar novas marcas e reformular toda a identidade das empresas do Grupo Boticário, que ganhou em proximidade com o consumidor pelas logos de letras pequenas, aconchegantes e mais contemporâneas.
Design: FutureBrand BC&H

Criar o futuro

Experiência e relacionamento, palavras caras ao branding, resumem bem a mudança de perspectiva dos empreendedores de qualquer segmento. Hoje temos ferramentas melhores para posicionar as marcas, encontrar oportunidades para elas. Mas também temos total consciência de que o valor da marca será construído e sustentado pela experiência e pelo relacionamento cotidiano. O "senhor" desses processos é o cliente, o consumidor, que dialoga e demanda mais das empresas. Foi-se qualquer ilusão de encontrar um espaço, delimitar uma zona de conforto e ali permanecer, em movimento inercial. Nasceu a certeza de que é preciso manter-se sempre atento, alinhar as estratégias de negócio às grandes tendências de comportamento. E buscar,

PADO
Para sair do comodismo do seu mercado, a marca Pado renova seu significado e posicionamento com uma nova logo e identidade de grande força tipográfica (2011). Prêmio IDEA/Brasil 2011.
Design: FutureBrand BC&H

EUDORA
Naming e arquitetura de marca foram desenvolvidos pela FutureBrand para Eudora, a marca de venda direta de O Boticário.
Design: FutureBrand BC&H

sim, um espaço – nos corações e nas mentes das pessoas. E de modo verdadeiro e sustentável.

O Boticário, emblemática marca brasileira, tem conseguido fazer isso. Recentemente, O Boticário substituiu o McDonald's na posição de maior rede de franquias do Brasil, marco que se soma a outro, tão impressionante quanto: maior rede de franquias de perfumaria e cosméticos do mundo. Seu modelo de negócio impõe a necessidade de dotar a marca de consistência e de alcançar resultados por meio de uma ação em uma imensa rede. O Boticário depende do sucesso de cada parceiro para fazer a marca crescer. Sua força está relacionada à sua capacidade de estabelecer conexões significativas com seu público, que se amplia a cada dia. Precisa despertar sentidos e desejo. Precisa compartilhar visões de mundo e estilos de vida. Precisa apontar para a frente. Nada mais contemporâneo. O branding de O Boticário tem promovido um diálogo fundamental entre os conceitos que orbitam a marca – o otimismo, a alegria, a crença no poder transformador da beleza – e sua linguagem, o modo como se comunica e conecta com as pessoas. A nova identidade visual apresenta um logo que abre espaço para o surgimento de um B icônico, pleno de movimento e sofisticação, combinado a uma rica e surpreendente paleta de cores. Brasileira e universal. Uma marca que está criando seu próprio futuro. ●

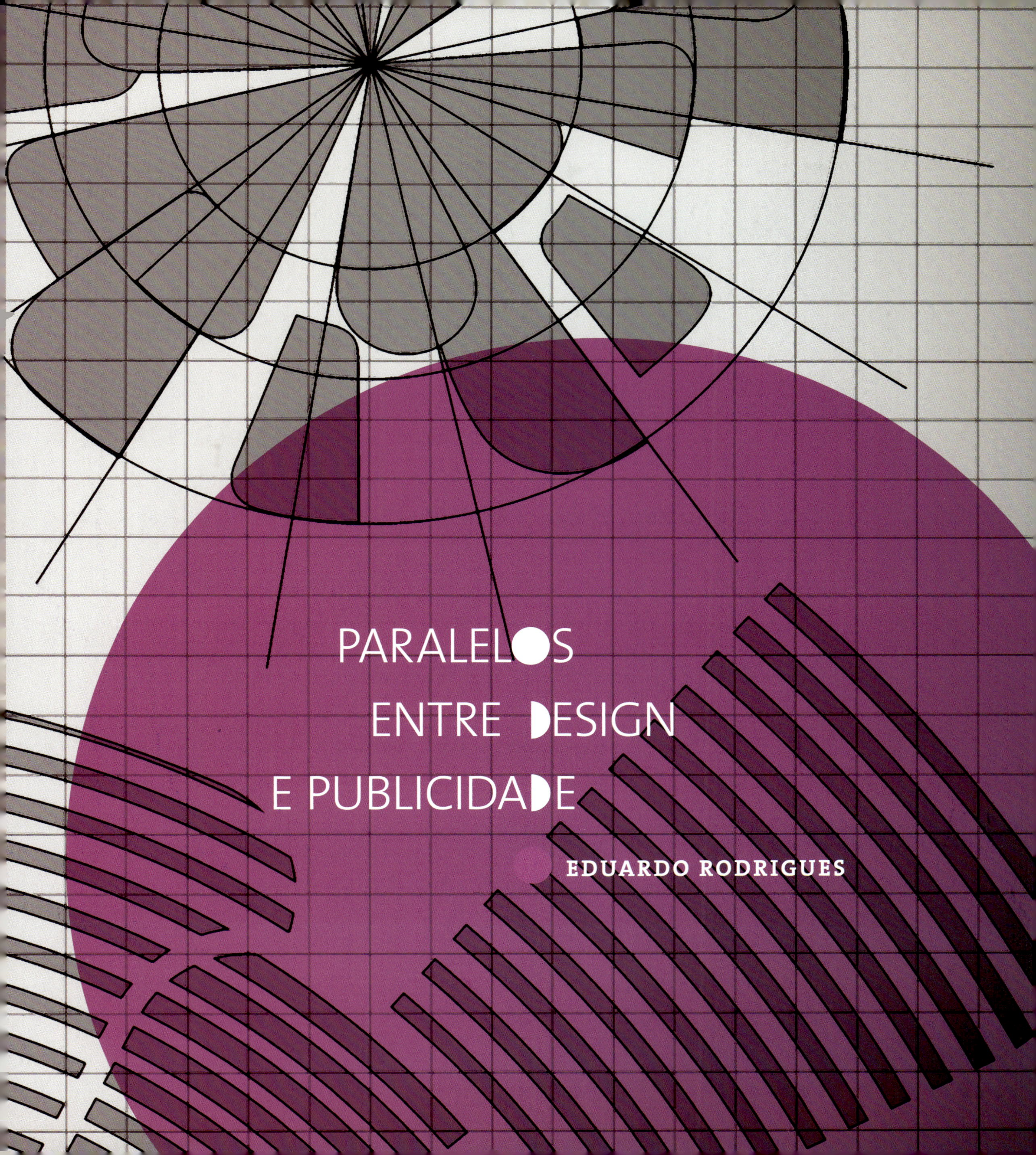
PARALELOS
ENTRE DESIGN
E PUBLICIDADE
EDUARDO RODRIGUES

Há muitos pontos de contato
e também diferenças entre
as atividades da publicidade
e do design voltado para a
construção de identidade.

EDUARDO RODRIGUES
Sócio e diretor de criação da e|ou mkt de relacionamento

São dois serviços essenciais de comunicação para qualquer marca ou produto que espere dialogar com grupos abrangentes e construir relacionamentos sólidos. As agências de design focadas em estratégia de marca têm como meta principal a construção dos preceitos e elementos que alicerçam a marca, trabalhando com base em ativos de longo prazo. A publicidade está essencialmente vinculada à transmissão de mensagens, não só de venda, como também de fidelização, engajamento, agradecimento etc. É uma atividade que visa a resultados mais concretos e, ao mesmo tempo, efêmeros.

Como as ferramentas de produção das peças são comuns às duas áreas, acontece com frequência o trânsito de profissionais entre ambas. Na área em que atuo, o marketing direto, há inclusive um uso intensivo de design, com muitas soluções gráficas tridimensionais, facas, dobras, acabamentos e tudo o mais que possa tornar únicas as peças criadas, incluindo, é claro, os cada vez mais presentes meios digitais. O importante nesse cenário é o realizador entender bem as especificidades do segmento em que atua. Em nosso caso, a efetividade de cada ação é mensurada nos mínimos detalhes, com bons mecanismos de auferição. A objetividade na busca pelo resultado da comunicação é fundamental.

DIVULGAÇÃO/FUTUREBRAND

EUDORA
Brandbooks desenvolvidos pela FutureBrand para as marcas do Grupo Boticário.
Design: FutureBrand BC&H

A boa comunicação da publicidade depende em boa medida do trabalho de base do design, que estabelece os guidelines da identidade do cliente, que devem ser seguidos em cada peça. Há uma diferença notável entre como essas orientações chegam hoje para nós e como chegavam quando comecei a atuar, há um quarto de século, e me parece que ela representa bem a evolução da atuação dos designers de marca. Antes, os guidelines eram muito engessados; sua preocupação era definir a posição do logo, do título, das imagens. Dentro disso, havia modelos favoráveis à boa comunicação ou não. Atualmente, os manuais de marca continuam existindo, mas eles são mais abertos, preveem que é preciso flexibilidade para lidar com uma grande variedade de situações e, ainda assim, manter os padrões visuais da empresa ou do produto. As orientações estão mais focadas no campo conceitual e nas intenções da identidade proposta, definindo, por exemplo, ambiência de fotos, tipos de enquadramento e de modelos e paleta de cores. Nesses casos existe um nível de subjetividade que facilita o trabalho de criação. Além disso, percebe-se que as empresas são muito bem orientadas, no geral, com diretrizes claras e adequadas.

Esse movimento coincide com a tendência de os escritórios de design se apropriarem da atividade de branding e passarem a atuar de forma mais estratégica para a constru-

BOTICÁRIO
Brandbooks desenvolvidos pela FutureBrand para as marcas do Grupo Boticário.
Design: FutureBrand BC&H

ACERVO AOB

ção das marcas. Com isso, eles conquistaram uma percepção mais ampla dos processos de comunicação da marca e um protagonismo na relação com os clientes que facilita uma atuação estrutural, que me parece vantajosa para toda a cadeia criativa envolvida com a comunicação. ●

SÃO PAULO
Nova marca turística de São Paulo, desenvolvida pelas agências parceiras LewLara e Propeg – no detalhe a construção, variações de marca e o brandbook. Prêmio IDEA/Brasil 2012.
Design: Rômulo Castilho

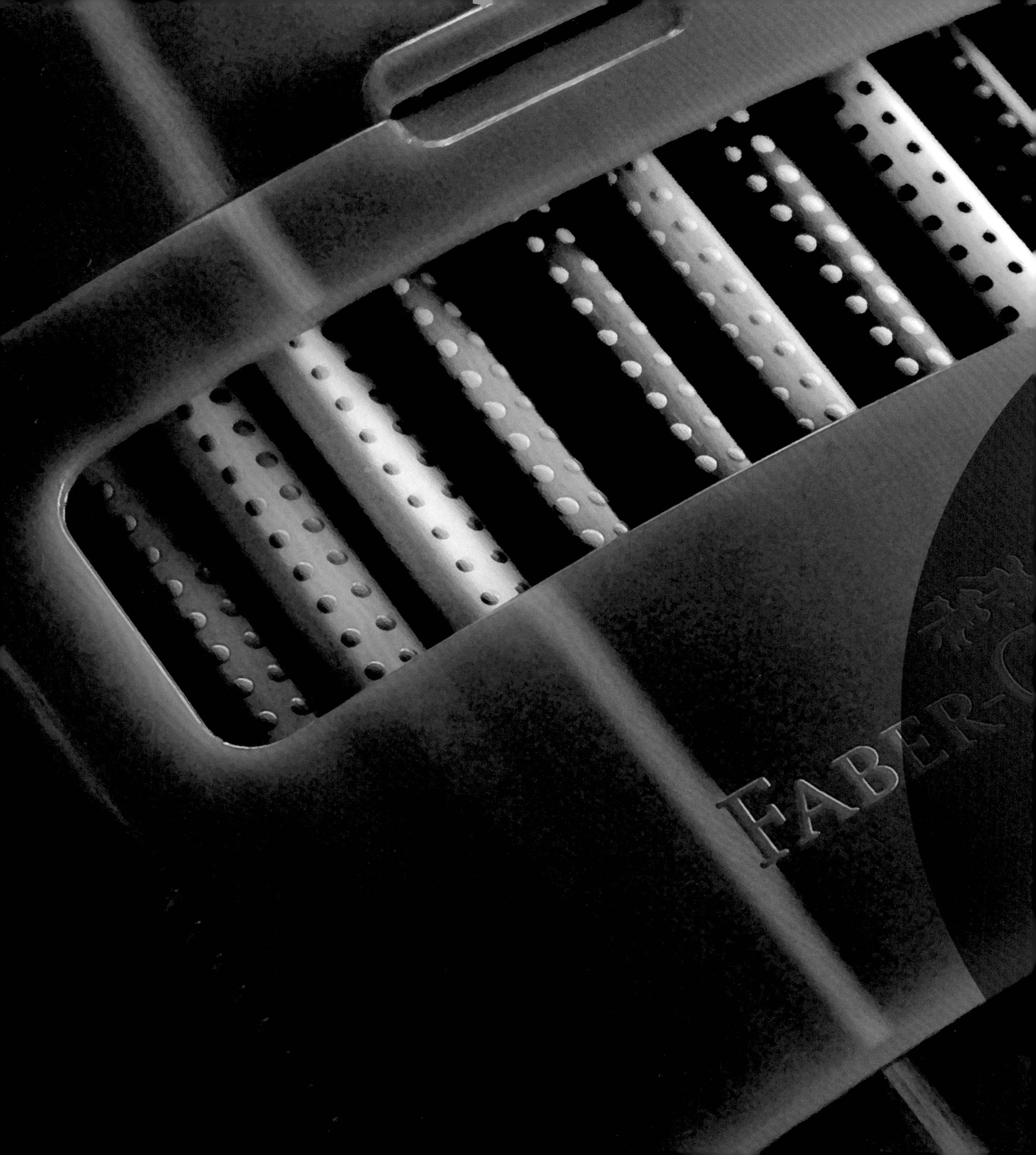
FABER-

EMBALAGEM: O DESIGN FAZ A DIFERENÇA

LINCOLN SERAGINI

Nós vivemos em um mundo
de produtos embalados.
Quase 70% de todos os
produtos comercializados
no mundo são embalados.

LINCOLN SERAGINI
Presidente da Seragini Design Innovation e diretor do Instituto Brasil Criativo

A importância econômica da embalagem

No Brasil, como indústria, a atividade vai movimentar em 2012 cerca de 50 bilhões de reais, incluindo todos os tipos de material. A cadeia produtiva da embalagem é imensa, englobando desde as matérias-primas básicas, como papel e celulose, aço, vidro, resinas plásticas e suas transformações em embalagens acabadas e impressas, até os equipamentos para a sua fabricação e processamento, manuseio e distribuição. Inclui também serviços de pesquisa, laboratórios de avaliação de qualidade, publicações e, especialmente, agências de design, que desempenham um papel relevante para o desenvolvimento do setor no país.

A indústria de embalagem brasileira está atualizada e oferece grande variedade de tipos, materiais e processos, equivalente aos países mais avançados. O nível de sofisticação melhorou muito após a abertura do mercado, no início dos anos 1990, como também diminuiu a defasagem entre o desenvolvimento original e a sua adoção no país, considerando que a maioria do desenvolvimento, seja de tipos, seja de materiais ou processos, é realizada em países que possuem mercados maiores e investem mais em pesquisa.

O nível das embalagens brasileiras, tanto em termos de qualidade intrínseca como de seu design, com raras exceções, está equiparado à maioria dos países desenvolvidos. Isso se deve à infraestrutura da indústria, à imensa rede de supermercados e ao nível de competição, pois, além das marcas brasileiras importantes, a maioria das marcas multinacionais está presente aqui. Vale lembrar que o sistema de autosserviço corresponde a 82% do abastecimento de toda a população brasileira. Esse fato aumentou a importância da embalagem porque, como se sabe, o supermercado só é viável por causa da função vendedora da embalagem, que na prática substituiu o vendedor, baixando o custo da venda em cerca de 30%, além de permitir a operacionalização logística com a facilidade de exposição e acesso aos produtos.

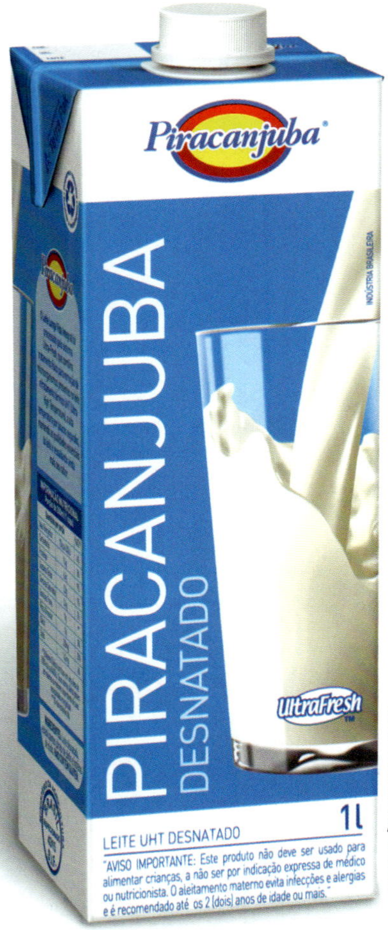

PIRACANJUBA
Tetrapack do leite Piracanjuba, que também teve a logomarca modernizada.

DIVULGAÇÃO/LINCOLN SERAGINI

OURO FINO

Nova marca e embalagens do Grupo Ourofino – a Ourofino Agronegócio, lançada em 2008.

ICE 5!

Linha de sabores e nova embalagem para o Ice 5!.

FOTOS: DIVULGAÇÃO/LINCOLN SERAGINI

As funções universais da embalagem

Toda embalagem desempenha três funções essenciais: a tecnológica, relativa às proteções mecânica, físico-química, microbiológica, ambiental, de processamento e distribuição; a mercadológica, relativa à venda e comunicação com o consumidor por meio do design, que inclui tanto as informações objetivas como os apelos de venda, a conveniência no uso e a exposição no ponto de venda; e a econômica, relativa aos custos das embalagens e do sistema, além dos investimentos em equipamentos e matrizes.

Todas as funções são importantes, pois, se uma falhar ou não encontrar um equilíbrio, as outras serão prejudicadas. O objetivo de toda empresa é encontrar a embalagem "ideal", aquela que otimiza as três funções descritas. A melhor embalagem que um produto pode ter é aquela que é superior à de seu concorrente direto. E o maior desafio é criar uma embalagem diferenciada, à qual o consumidor atribua valor e que se transforme em um ícone da marca.

O design faz a diferença

O design desempenha um papel relevante na definição e na criação de valor da embalagem. Na matriz da inovação descrita pela hierarquia da embalagem a seguir, a evolução apresenta

TETRAPACK PRISMA
Para o leite premium Parmalat, na categoria Design do Wave Festival 2008.

os seguintes estágios: 1) Tipo de embalagem; 2) Material de que é feita; 3) Processo de fabricação; 4) Design forma/gráfico; 5) Conveniência.

Historicamente, o que se observa é que é muito rara a criação de um tipo de embalagem. Basta lembrar que levou séculos para que fossem criadas as primeiras embalagens de vidro, a lata, a caixa de papelão ondulado ou os outros tipos de embalagem plástica. Um pouco menos rara é a criação de outro material ou processo; mesmo assim, mede-se em décadas o tempo dos novos desenvolvimentos nesses itens. O que se tem observado nos últimos tempos é que as inovações mais frequentes têm ocor-

ACERVO AOB

LINHA NATIVA SPA
Da Lumen e OZ Design para O Boticário. Prêmio IDEA/Brasil 2008 – Categoria Embalagem.
Design: Ronald Kapaz – OZ Design

rido na estética e na conveniência, justamente as áreas de atuação do design. Essa constatação permite afirmar que o design tem contribuído mais do que a tecnologia em se tratando de inovação de embalagem.

Quanto às tendências sobre o papel da embalagem na sociedade, a maior delas sem dúvida é a questão da sustentabilidade, em que se deverá cada vez mais evitar os desperdícios e o "superembalamento", otimizando a cadeia em relação ao uso de materiais e energia, reduzindo seu uso e reciclando o máximo possível.

Em contrapartida, a demanda por embalagens de melhor desempenho será puxada pela concorrência, na qual crescerá sua importância como ferramenta de marketing, fruto da abundância de marcas. A embalagem pode ser a vantagem competitiva, principalmente quando não há diferencial de conteúdo.

Nessa linha de pensamento, a maioria das demandas por embalagens será por ganhar a preferência dos consumidores: impacto nas prateleiras, sedução por meio do apelo aos sentidos, refletir qualidades e influenciar na decisão de

ACERVO AOB

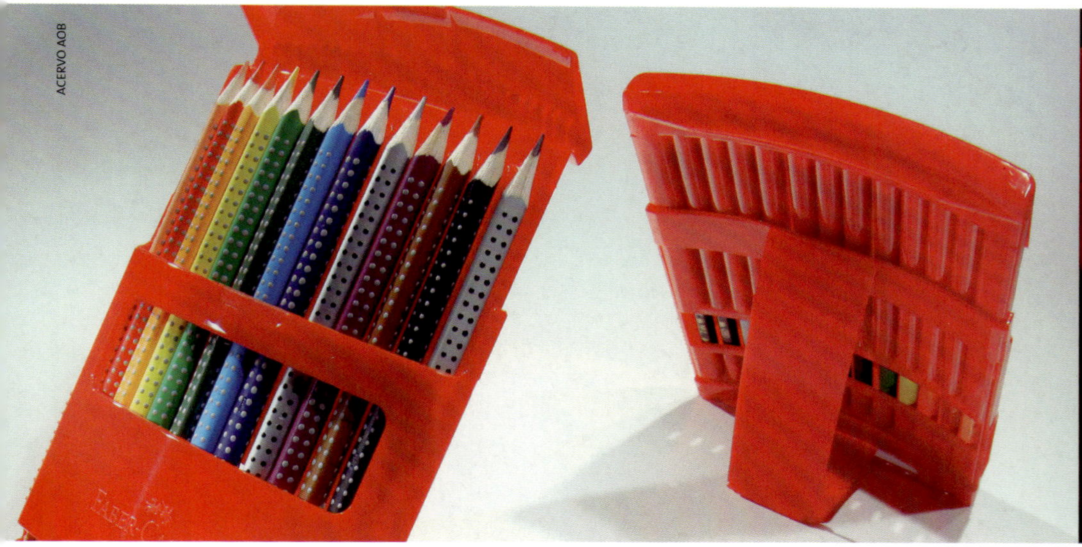

compra, conveniência para abrir, fechar, guardar, consumir, preparar, dosar e, como ápice, tornar-se um ícone da marca.

Por fim, sabe-se que as marcas necessitam ser cada vez mais emocionais para ganhar o coração dos consumidores. Isso é obtido com a criação de vínculos e a experiência da marca, que inclui todos os pontos de contato. Aqui também o design predomina, porque é por meio dele que se criam e materializam as experiências. Especialmente em relação à embalagem, já que, para o consumidor, a embalagem é o produto.

EMBALAGEM FLIP BOX
Dos lápis de cor Faber-Castel, para a GAD na categoria Design de embalagens no IDEA/Brasil 2008.
Design: Marcos Roismann – GAD' Branding & Design

ACERVO AOB

NOVA LINHA
Nescau (Light, 2.0, Power e Tradicional), segundo lugar em embalagem no IDEA/Brasil 2009.
Design: Future Brand BC&H

A MATURIDADE
DO
DESIGN
NO BRASIL
LEVI GIRARDI

Vivemos hoje em um ambiente cercado de design. Não apenas produtos esteticamente interessantes, mas soluções bem pensadas e resolvidas, tanto de produtos que usamos no dia a dia como nos ambientes em que vivemos e nos serviços que utilizamos.

LEVI GIRARDI
Diretor da Questto|Nó

DIVULGAÇÃO/QUESTTO|NÓ

Apesar de o tema design ser relativamente novo no Brasil, já chegamos a um estágio avançado da utilização de suas metodologias, aproveitando-nos cada vez mais de soluções pensadas para nossos desejos e necessidades. Soluções viáveis tanto técnica como economicamente que geram resultados para as empresas ou instituições que nos oferecem seus produtos ou serviços.

Inúmeros são os exemplos de produtos bem pensados, embalagens inteligentes, experiências de consumo que fazem que sejamos fiéis a determinadas marcas e suas promessas de entrega. Tudo isso é o resultado de um trabalho de design que vem sendo desenvolvido ao longo das últimas décadas no país, com um significativo incremento nos últimos anos de sua utilização sistemática e bem estruturada. Hoje temos profissionais e escritórios de design de nível internacional.

Ao mesmo passo, o consumidor final cada vez mais percebe – e consome – produtos mais bem-acabados e adequados às suas necessidades, maior é a oferta desse nível de solução, fabricada no país ou vinda de outros mercados. Claramente o Brasil sofreu um choque de realidade ao passar a ter produtos importados disponíveis nas mesmas gôndolas ou pontos de venda dos produtos nacionais. A partir de uma ameaça inicial, o país conseguiu em vários setores promover uma atualização importante do que era produzido, passando a competir em igualdade com produtos oriundos de economias mais maduras. É verdade que isso não se deu em todas as áreas, mas acredito que na média houve sucesso. Em segmentos nos quais atua há mais de duas décadas,

MARCA-PONTO GERTEC
O registrador eletrônico com o design pensado para uma estética agradável aliada à funcionalidade.
Design: Questto|Nó

FOTOS: DIVULGAÇÃO/QUESTTO|NÓ

CAPACETE MODULAR EBF E8
Com acabamento e mecanismos precisos, premiado no International Design Excelence Awards. Prêmio IDEA/Brasil 2011.
Design: Questto|Nó

KAIAK URBE
A nova linha Kaiak Urbe foi desenvolvida após uma pesquisa de possibilidades visuais e tecnológicas que resultaram em um conceito gráfico ligado à identidade urbana.
Design: Questto|Nó

JIPE 4X4 STARK 4WD
Pode ser usado off road e na cidade. Prêmio Design Museu da Casa Brasileira e finalista no International Design Excelence Awards Prêmio IDEA/Brasil 2008.
Design: Questto|Nó

como nos equipamentos médicos, o Brasil conseguiu deixar de ser um mero fabricante de produtos inspirados em equipamentos europeus e norte-americanos e passou a oferecer soluções de qualidade, projetadas e fabricadas aqui.

Empresas como Intermed, Baumer, Dabi Atlante, entre tantas outras, passaram a ser referência inclusive no mercado internacional, pela inovação aplicada a seus produtos, em grande parte impulsionada pelo design. Segmentos mais tradicionais do uso do design, como a indústria automotiva e de eletrodomésticos, passaram a ser grandes empregadores de designers, seja em suas equipes internas ou contratando escritórios externos, mostrando um amadurecimento muito grande do uso da disciplina dentro de suas estratégias de inovação. Fiat, Ford, Whirlpool, Electrolux, para citar apenas alguns exemplos, usam design de forma intensa, gerando resultados expressivos em vendas e aumento de valor de marca. Nossas atuações no mercado automotivo, projetando veículos e caminhões (para TAC e Agrale, respectivamente), geraram uma real valorização de produtos extremamente comple-

xos, mesmo para empresas que atuam em mercados mais segmentados, o que prova que o design pode – e deve – ser adequado para diferentes realidades, objetivando eficiência e sucesso nos resultados.

Na área de cosméticos, empresas como a Natura – que se utiliza do design desde os primeiros passos da criação de um produto – têm obtido cada vez mais sucesso em seus lançamentos, fruto de uma estratégia consistente de pesquisa de desejos e comportamentos que se traduzem em produtos de sucesso (nossa última criação nesse segmento é o perfume Kaiak Urbe).

Como profissionais do design, uma área criativa intimamente ligada à inovação, precisamos estar incessantemente alertas aos rumos de nossa atuação. Já não podemos pensar apenas em design de produtos, é preciso enxergar o design de uma forma mais ampla. Já não há espaço para um produto apenas bem desenhado. Uma equação cada vez mais complexa, que envolve todo o processo de decisão e escolha do usuário entre uma solução e outra, passa por fatores que vão da qualidade do produto, de seu preço (não

AGRALE
Linha de caminhões Agrale com cabines integradas. Além da questão estética o projeto levou em conta aspectos como a melhoria de processos, novos materiais e ergonomia. Prêmio IDEA/Brasil 2012.
Design: Questto|Nó

MAXDOOR
A teconologia da porta eletrônica Maxdoor permite a total integração de funcionalidades e possui um exclusivo controle remoto, o Maxclé, que substitui a função da chave com mais praticidade e personalização. Prêmio IDEA/Brasil 2008.
Design: Questto|Nó

MESA ELOS
Mesa formada por peças independentes que possibilitam configurações personalizadas. Um móvel cujo projeto de design gerou alta capacidade adaptativa e maior durabilidade.
Design: Questto|Nó

FOTOS: DIVULGAÇÃO/QUESTTO|NÓ

SENSOR FX
É um amplificador para fibras ópticas usadas na detecção e inspeção de produtos em linhas de montagem automatizadas. Seu design funcional lhe rendeu o IF Product Design Award 2007.
Design: Questto|Nó

PERENNE
O equipamento para tratamento de efluentes da Perenne é um projeto que equilibra excelência técnica de construção e linguagem estética refinada, prova da possibilidade de se aliar ambos em produtos com grandes dimensões como um contêiner.
Design: Questto|Nó

necessariamente o mais baixo), até a sua forma de comercialização e pós-venda, tudo isso representado em uma promessa de entrega feita por uma marca. Isso define o design, com sua visão transversal de todo o processo, como parte fundamental nas estratégias das empresas. E o reflexo disso é a necessidade cada vez maior de capacitação dos designers e das empresas do setor. Empresas internacionais de design estão aportando por aqui há anos, o que é excelente para a consolidação de nossa atividade. E, de novo, o que poderia ser uma ameaça é na verdade uma oportunidade de nos aperfeiçoarmos, agregarmos novas competências e passarmos a ser players globais do design, aliando nossa tão festejada criatividade a valores que cada vez mais devem ser incorporados, como eficiência, qualidade de entrega e adequação ao mercado global.

Resumindo, que bom que estamos neste momento, no Brasil, trabalhando com design!

CADEIRA SIMBIOSE
Apresentada na NY Design Week (2012). Prêmio IDEA/Brasil 2011.
Design: Questto|Nó

ATENA A600
A mesa cirúrgica Baumer Atena A600 foi desenhada a partir de formas limpas e suaves que transparecem a tecnologia utilizada no produto e facilitam sua assepsia.
Prêmio IDEA/Brasil 2008
Design: Questto|Nó

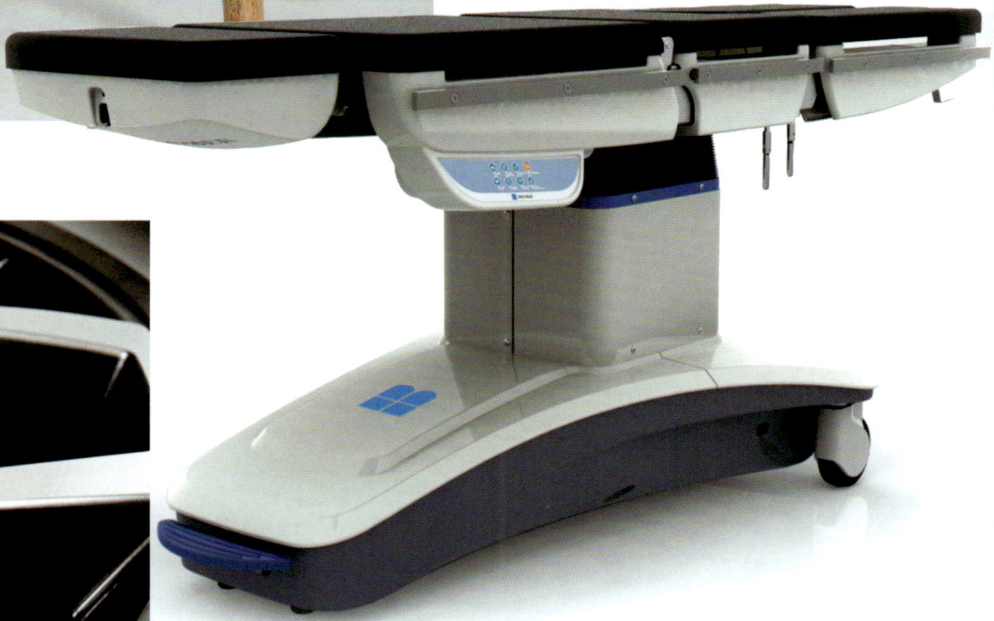

SCORRO
O modelo S171 da Scorro tem tecnologia que permite maior liberdade de formas, braços mais finos e melhor desempenho e segurança. Recebeu o Prêmio Design do Museu da Casa Brasileira.
Design: Questto|Nó

B

PS
POR
UMA ARQUITETURA
MAIS RELEVANTE
MARCELO AFLALO

Tendência é uma abstração que serve para homogeneizar o futuro. Logo, eu não falo sobre tendências, mas sobre os desejos e objetivos que caracterizam a atividade do designer.

MARCELO AFLALO
Arquiteto e designer, sócio-fundador da Univers Arquitetura e Design e professor da FAAP

Projetar é uma forma de gerir o tempo, o espaço, as relações e a identidade. Vivemos um momento histórico complexo e extremamente frágil, construído com base em premissas delineadas na época da Revolução Industrial, ocorrida há quase dois séculos. Bandeiras empresariais sobre crescimento industrial e aumento do consumo hoje fazem parte do corolário dos governos, sejam quais forem suas orientações ideológicas, nos quatro cantos do mundo, de forma quase irresponsável, em uma desesperada tentativa de blindagem econômica.

O vocabulário estético e comercial dos pontos de venda é o mesmo em uma pequena vila no interior da França, da Espanha ou do Brasil, reproduzindo um desejo de comportamento de consumo previsível e confiável.

O fato é que esse comportamento previsível não existe no mundo real. Recentes centros de compras dedicados ao consumo de alto luxo acabaram atraindo um público aspiracional, que consome mais o lazer e a alimentação do que os produtos expostos. Assim, não são mais do que uma caricatura comportamental, uma espécie de reality show de como vivem os ricos, feito para os outros segmentos do espectro social. As flagship stores acentuam esse tom caricatural ao exacerbar o caráter de "experiência da marca" sobre a venda propriamente dita.

Poucas marcas acertaram o tom e entenderam que cada espaço, em cada região, tem características próprias. A loja da Prada em Aoyama, Tóquio (Herzog & de Meuron, 2003), um projeto autorreferencial sem vínculos contextuais, criou um paradigma para o conceito de flagship store ao inovar em todos os aspectos arquitetônicos, desde o uso de materiais até a circulação e apresentação de produtos, emprestando valores que não faziam parte do universo da marca e influenciando o desenho das lojas subsequentes.

Ao criar lojas únicas, associadas à cultura local, com os valores de marcas embutidos no conjunto, as marcas estabelecem vínculos com os usuários e tendem a so-

SÔNIA FONSECA

SIZE
Loja Jardim Sul, São Paulo, SP.
Projeto: Univers Design/Marcelo Aflalo, 1990

MARCELO AFLALO

LOJA PRADA
Aoyama, Tóquio, Japão.
Projeto: Herzog & de Meuron, 2003

frer menos com o envelhecimento do conjunto.

A homogeneização das lojas, sob o pretexto de aumentar a exposição das marcas em um ambiente controlado e, em tese, com economia de escala na implantação, esconde o fato de que o custo de modificações do modelo é também astronomicamente maior.

Bairros e centros de compras homogêneos empobrecem culturalmente as cidades. Outro ponto que faz parte do discurso de muitas marcas, a propalada "questão ambiental" raramente é incorporada de fato nos projetos arquitetônicos, seja no que diz respeito ao uso de materiais, seja no gasto energético para a construção e manutenção do espaço. Quantos designers levam em conta a origem, a distância e o modo de fabricação dos materiais empregados? Se isso fosse considerado durante o processo de projeto, as lojas seriam necessariamente diferentes umas das outras pelo simples fato de que os materiais disponíveis localmente não seriam os mesmos. A identidade de uma marca não está na homogeneização dos princípios estéticos, mas na valorização dos princípios éticos e de qualidade dos produtos oferecidos. Credibilidade é o mais importante dos valores a que uma marca pode almejar. A reputação de uma marca exige consistência a longo prazo e pode ser destruída em curtíssimo prazo.

As cidades são ambientalmente mais ricas em função da diversidade e da mistura resultante. O papel mais relevante que um designer pode desempenhar no mundo atual é o de condutor de um processo em que os valores de uma marca possam ser traduzidos de forma eficiente e responsável. Procuro fazer isso há mais de duas décadas e escolho meus trabalhos dentro desses princípios.

NELSON KON/MARCELO AFLALO

NELSON KON

BIBLIOTECA DE SÃO PAULO
Projeto arquitetônico: Aflalo & Gaspenini (2009); mobiliário: Dante Della Manna; arquitetura ambiental: UniversDesign/ Marcelo Aflalo

PÃO DE AÇÚCAR
Loja Gabriel Monteiro da Silva, São Paulo, SP.
Projeto: Univers Design/Marcelo Aflalo, 1996

°C

A ECONOMIA CRIATIVA NA INDÚSTRIA DA COMUNICAÇÃO IMPRESSA

FABIO ARRUDA MORTARA

Desde que a computação revolucionou a maneira como nos comunicamos, as dúvidas sobre o futuro da comunicação impressa tornaram-se inevitáveis.

FABIO ARRUDA MORTARA

Industrial gráfico, presidente da Abigraf Nacional e do Sindigraf-SP

Hoje, mais do que nunca, o industrial gráfico vê-se obrigado a rever suas estratégias de negócios a cada inovação tecnológica anunciada. Quem não percebe ou prefere ignorar essas mudanças, mantendo-se apegado às velhas fórmulas de produção, expõe-se seriamente ao risco de perder o trem da história.

A boa notícia é que o profissional gráfico brasileiro está cada vez mais convencido de que essas transformações, que têm como base o binômio tecnologia-criatividade, abriram um mundo de oportunidades para a mídia impressa. E a principal delas reside em uma constatação óbvia: conforme as mídias digitais se fazem mais presentes e, portanto, banais aos olhos do consumidor, mais o produto impresso se posiciona como um item diferenciado dentro do mix de comunicação vigente.

As novas tecnologias de impressão digital multiplicaram as possibilidades para as diferentes áreas do setor, e muitas gráficas brasileiras já perceberam e adaptaram-se a essas mudanças. Nos segmentos promocional e editorial, essa realidade já é bastante visível, por meio da aplicação de técnicas exclusivas de impressão, acabamento e logística, e da integração de diferentes processos gráficos para a produção de anúncios especiais para revistas e jornais.

No livro *Encartes especiais: a mídia impressa em busca de novas formas de comunicar*, o especialista em projetos especiais da Editora Abril Sergio Picciarelli Junior demonstra como a maior editora do Brasil criou sua área de desenvolvimento de novos produtos justamente para explorar as possibilidades abertas pelas novas tecnologias de impressão. Produzido em 2008, o livro revela que, naquele ano, a Editora Abril veiculou 478 anúncios diferenciados em suas publicações.

Embora temporalmente defasado, o número dá uma ideia da grandeza desse novo mercado, com potencial para empregar um número elevado de profissionais com diferentes especializações. Não por acaso, o resultado dessa nova dinâmica tem sido uma maior sinergia entre as gráficas e os demais elos da cadeia produtiva da comunicação impressa, unindo especialistas em marketing, publicitários, designers e profissionais gráficos em torno de objetivos comuns. Como tudo que envolve criatividade, desse turbilhão de ideias e conhecimentos técnicos nascem os impressos mais surpreendentes e inovadores, com texturas, cores, aromas e formatos capazes de reter a

ANTARCTICA SUBZERO
Para lançar a cerveja duplamente filtrada "Antarctica SubZero", a AlmapBBDO escolheu estímulos visuais poderosos como uma tinta com aspecto de gelo que, quando raspada, permitia a visualização da garrafa inteira (2009).
Projeto: AlmapBBDO

atenção do público por muito mais tempo do que qualquer impresso tradicional.

Especificamente para o profissional do design, as oportunidades na cadeia produtiva da comunicação impressa também se multiplicam. Vários segmentos da indústria gráfica têm procurado agregar conhecimento criativo aos seus negócios com o objetivo de oferecer a melhor solução para as necessidades do produto e, assim, fidelizar o cliente. Um bom exemplo é a indústria de embalagens, maior PIB do setor gráfico nacional. Muitas dessas gráficas têm focado o desenvolvimento de metodologias de trabalho para tornar as mais inventivas soluções de embalagens exequíveis. Assim, o designer que conhecer os insumos dessa indústria, as facas e o software usados para a elaboração de embalagens terá um vasto mercado para explorar, tanto nas agências de criação como nas próprias gráficas, adaptando os projetos para a realidade de produção.

Mas os grandes negócios não são os únicos a oferecer boas oportunidades para designers que queiram se expressar por meio do suporte impresso. Como tudo nessa nova economia, algumas das melhores vagas no mercado ainda estão para ser inventadas, a partir do desenvolvimento de novos empreendimentos e inovadores modelos de negócios. Afinal, nunca é demais lembrar que algumas das gráficas mais premiadas do Brasil são de pequeno ou médio porte – justamente aquelas que ousaram apostar na criatividade.

NATURA
A Natura apostou novamente no mote da sustentabilidade e confeccionou, com o auxílio da Abril e Tarteka Comunicação, uma folha de papel semente destacável do anúncio "Plante essa ideia" (2009).
Projeto: Abril e Tarteka Comunicação

ZAFIRA

A Chevrolet apostou na solução paper toys para o lançamento do modelo 2010 da Zafira, que podia ser destacada da revista e dobrada, associando-se ainda às características de espaço que se pretendia repassar em sua mensagem.

Projeto: WMcCann

HEINEKEN

No lançamento da garrafa de 600 ml em 2009, a Heineken trabalhou com a Fischer+Fala!, que posicionou a marca como "a Heineken para dividir", trazendo no anúncio uma página com seis bolachas de chope destacáveis.

Projeto: Fischer+Fala!

SKOL 360

A campanha "Skol 360 – a cerveja que desce redondo" teve sucesso total na mensagem elaborada com estratégia e bom humor em seu anúncio impresso (2010).
Projeto: F/Nazca Saatchi & Saatchi

New
THE AUTHOR'S CRAFT
ARNOLD BENNETT
New
THE FIRST MEN IN THE MOON
H. G. WELLS

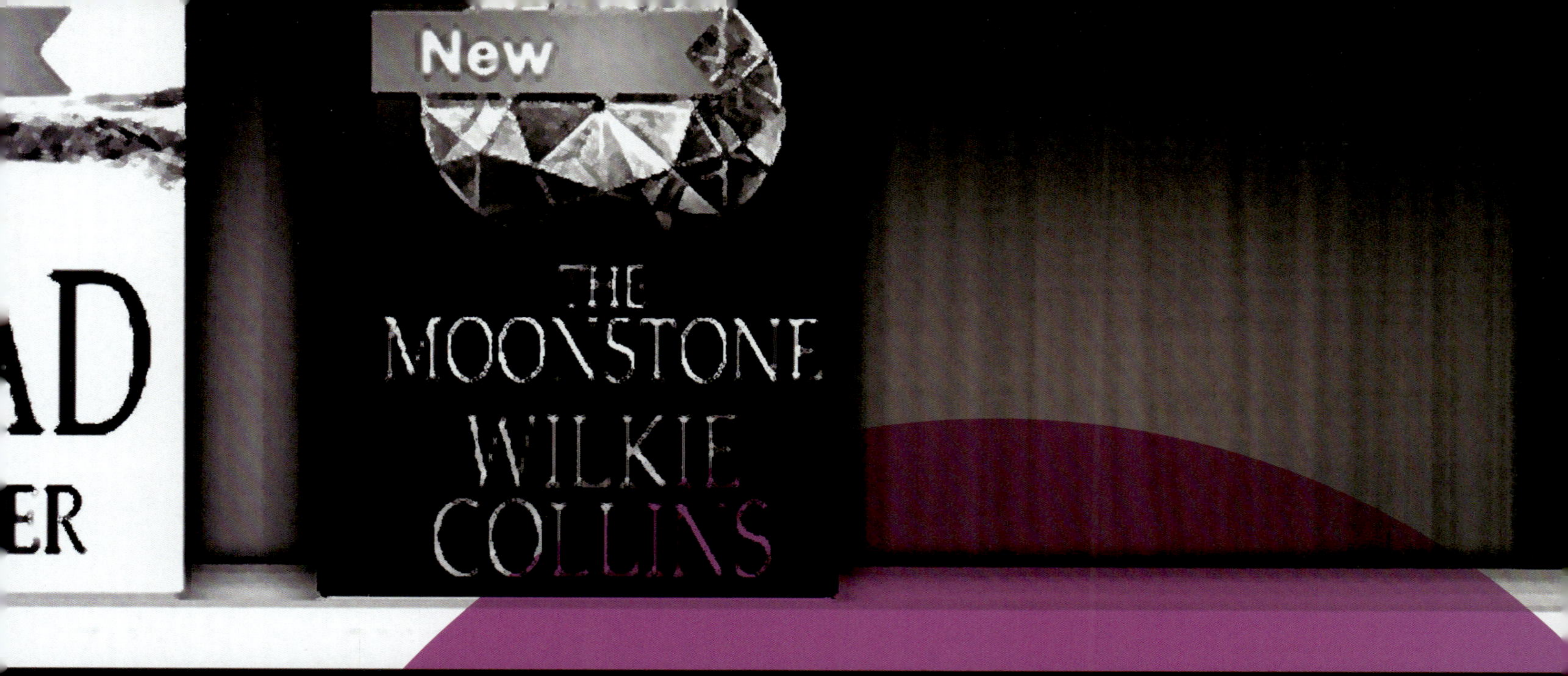

DESIGN PARA NOVOS LEITORES

HUBERT ALQUÉRES

Dos pergaminhos à tela, os leitores se defrontaram com muitos e diferentes desafios. Na escrita antiga, nem as palavras nem os enunciados eram separados.

HUBERT ALQUÉRES
Vice-presidente da CBL e do Colégio Bandeirantes

Até cerca do século VIII, quase não havia sinais de pontuação. A leitura do texto assim produzido tinha de ser feita sempre em voz alta para que se pudesse perceber o sentido do que estava escrito.

Nesse contexto, o codex, precursor do livro atual, foi uma revolução. Copiado à mão, apresentava certas marcas que diminuíam a possibilidade de erros – por exemplo, a maiúscula vermelha, de onde se originou o termo rubrica (de ruber, vermelho em latim). Naturalmente esse leitor já não é o mesmo dos pergaminhos. O modo como ele percebe o texto e as competências que aciona no ato da leitura são muito diferentes. Como afirma Roger Chartier, especialista em história do livro e da leitura, ao longo do tempo a cultura escrita claramente estabelece uma forte vinculação entre suportes, categorias de texto e formas de leitura. Essas últimas são evidentemente afetadas e até determinadas pelas relações estabelecidas entre os dois primeiros elementos. Com a separação das palavras e a introdução dos sinais de pontuação, a leitura não precisa mais ser feita em voz alta e o leitor pode decifrar com mais facilidade as palavras e deter sua atenção nos sentidos implicados no que lê. As convenções de parâmetros paratextuais (número de páginas, nota de rodapé, espaços em branco) reforçam o livro como objeto tecnológico, o que nos permite acessá-lo de forma intuitiva.

O fim do século XX inaugura uma nova era na comunicação. O livro, que desde a prensa de Gutenberg sustentava-se como o mais importante meio de transmissão de conteúdo, tem seus textos tragados pela linguagem digital. A transpo-

PRATELEIRAS
Os eBooks podem ser organizados em bookshelfs ("prateleiras de livros", em tradução livre) em um único aplicativo, ou separados em formatos de aplicativos diferentes.

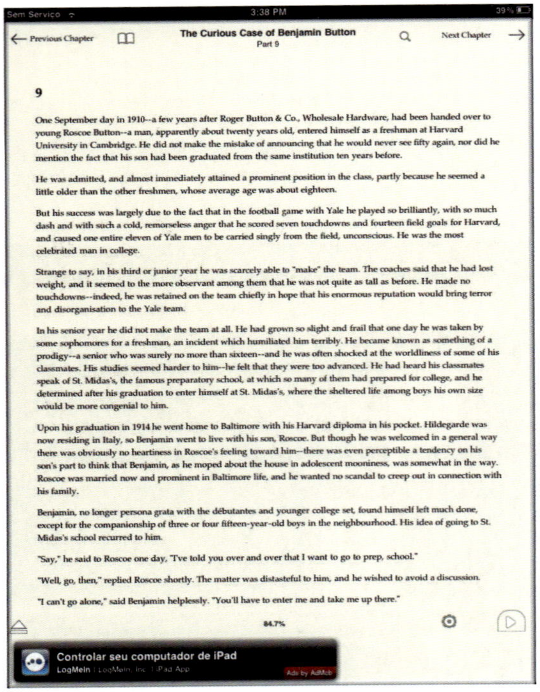

Sem Serviço 3:38 PM 39 %

← Previous Chapter **The Curious Case of Benjamin Button** Part 9 Next Chapter →

9

One September day in 1910--a few years after Roger Button & Co., Wholesale Hardware, had been handed over to young Roscoe Button--a man, apparently about twenty years old, entered himself as a freshman at Harvard University in Cambridge. He did not make the mistake of announcing that he would never see fifty again, nor did he mention the fact that his son had been graduated from the same institution ten years before.

He was admitted, and almost immediately attained a prominent position in the class, partly because he seemed a little older than the other freshmen, whose average age was about eighteen.

But his success was largely due to the fact that in the football game with Yale he played so brilliantly, with so much dash and with such a cold, remorseless anger that he scored seven touchdowns and fourteen field goals for Harvard, and caused one entire eleven of Yale men to be carried singly from the field, unconscious. He was the most celebrated man in college.

Strange to say, in his third or junior year he was scarcely able to "make" the team. The coaches said that he had lost weight, and it seemed to the more observant among them that he was not quite as tall as before. He made no touchdowns--indeed, he was retained on the team chiefly in hope that his enormous reputation would bring terror and disorganisation to the Yale team.

In his senior year he did not make the team at all. He had grown so slight and frail that one day he was taken by some sophomores for a freshman, an incident which humiliated him terribly. He became known as something of a prodigy--a senior who was surely no more than sixteen--and he was often shocked at the worldliness of some of his classmates. His studies seemed harder to him--he felt that they were too advanced. He had heard his classmates speak of St. Midas's, the famous preparatory school, at which so many of them had prepared for college, and he determined after his graduation to enter himself at St. Midas's, where the sheltered life among boys his own size would be more congenial to him.

Upon his graduation in 1914 he went home to Baltimore with his Harvard diploma in his pocket. Hildegarde was now residing in Italy, so Benjamin went to live with his son, Roscoe. But though he was welcomed in a general way there was obviously no heartiness in Roscoe's feeling toward him--there was even perceptible a tendency on his son's part to think that Benjamin, as he moped about the house in adolescent mooniness, was somewhat in the way. Roscoe was married now and prominent in Baltimore life, and he wanted no scandal to creep out in connection with his family.

Benjamin, no longer persona grata with the débutantes and younger college set, found himself left much done, except for the companionship of three or four fifteen-year-old boys in the neighbourhood. His idea of going to St. Midas's school recurred to him.

"Say," he said to Roscoe one day, "I've told you over and over that I want to go to prep, school."

"Well, go, then," replied Roscoe shortly. The matter was distasteful to him, and he wished to avoid a discussion.

"I can't go alone," said Benjamin helplessly. "You'll have to enter me and take me up there."

84.7%

Controlar seu computador de iPad
LogMeIn | LogMeIn, Inc | iPad App
Ads by AdMob

THE CURIOUS CASE OF BENJAMIN BUTTON

Reprodução de página do eBook *The Curious Case of Benjamin Button*, do escritor norte-americano Francis Scott Fitzgerald.

sição do papel para as telas do computador implica em uma nova forma de distribuir e absorver informação.

Se, como nos diz Chartier – e com ele vários teóricos da linguagem –, as formas de leitura são afetadas pelo suporte, o formato eletrônico cria novos leitores e formas de leitura. O formato eletrônico rompeu as fronteiras do campo bidimensional do papel e abriu as possibilidades do espaço por onde o leitor pode buscar informações, dividir opiniões, compartilhar ideias. Se o hipertexto já tornou muito mais complexo o ato de ler, a hipermídia, ao aliar à palavra as possibilidades da imagem, do som, da imagem em movimento e de todas essas linguagens conjugadas, acrescenta necessidades novas e inéditas à formação do leitor. Até porque já não é possível falar em leitor. No espaço líquido das hipermídias, o leitor transforma-se em um navegador. Nômade, pode estar sempre em movimento. Pode deslocar-se virtualmente e assim ter acesso a todos os lugares, mas pode também deslocar-se espacialmente e ficar nos mesmos territórios por onde lhe interessa trafegar.

Lucia Santaella, pesquisadora em cultura digital, ao se referir à internet identifica três tipos de leitor: o navegador errante, o internauta detetive e o previdente. O internauta errante se movimenta orientado principalmente pela adivinhação, por inferências; navega como quem brinca, explorando as possibilidades da hipermídia. Esse tipo de internauta não teme errar e se mostra inclinado a criar ao percorrer territórios desconhecidos, sem a âncora da memória. O internauta detetive adota a indução como estratégia de busca, marcada por avanços, erros e autocorreções.

Aprende com a experiência e, em seu processo, transforma as dificuldades em adaptação. O internauta previdente tem perfil de um leitor/navegador mais experimentado. Segue a lógica da previsibilidade e por isso consegue antecipar as consequências de suas escolhas. A atividade mental mestra do previdente é a da elaboração: adquiriu a habilidade de ligar os procedimentos particulares aos esquemas gerais de navegação que internalizou. Sua navegação está orientada por uma memória de longo prazo que evita riscos.

Esses perfis descritos por Santaella dão a dimensão das habilidades a serem desenvolvidas na formação desse novo leitor, da diversidade de perfis que cada um pode assumir nas diferentes situações de interlocução em que se coloca. Inferir, organizar dados, escolher os métodos mais adequados de navegação em função de diferentes interesses, objetivos ou inclinações equivale a desenvolver competências complexas e absolutamente necessárias no mundo contemporâneo. Esse internauta dialoga, em alguma medida, com o navegador que atravessava o desconhecido mar, mas se desloca por outros perigos para os quais precisa ser formado: diante de tantas possibilidades, como selecionar as que garantem qualidade? Como escolher estratégias adequadas às finalidades de cada interlocução, de cada trilha de navegação? Como identificar os portos onde vale a pena ancorar?

Além desses perfis, que se definem em função das possibilidades e dos objetivos de navegação, outra palavra identifica substantivamente esse novo leitor: interação. Diante das aberturas que o formato eletrônico disponibiliza, o leitor

TÍTULOS
Atualmente, existem milhares de títulos disponíveis para compra em formato eBook, adaptados para todos os modelos de tablets.

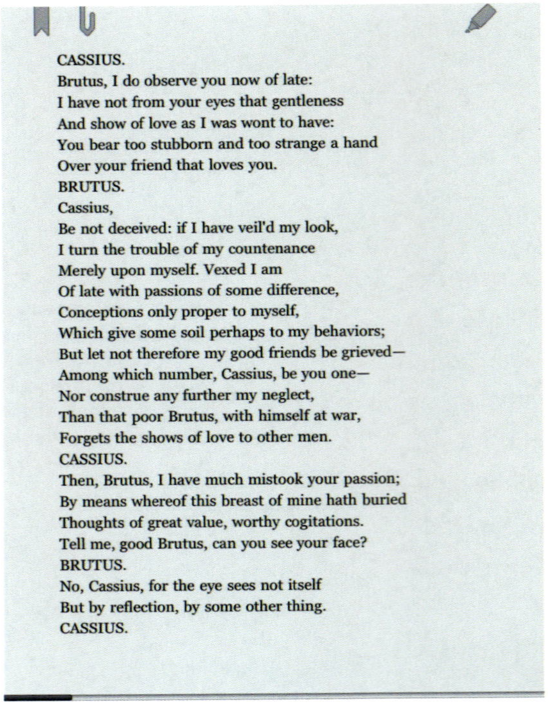

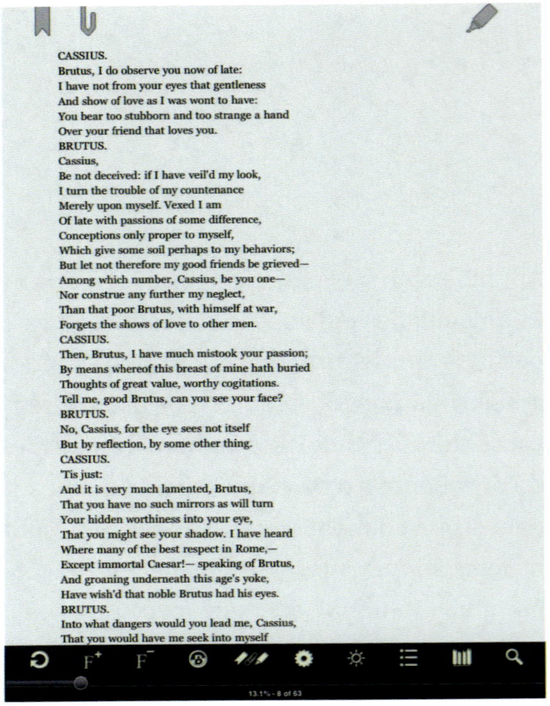

CONFIGURAÇÕES
Com os eBooks, o leitor pode escolher alterar o tamanho e formato dos tipos, entre outras configurações, de forma que a leitura se torne mais confortável.

se pretende cada vez mais autor na medida em que interfere na produção dos conteúdos comentando, selecionando ou complementando ideias, informações, opinando, reafirmando ou contrariando posições.

A escola tem papel fundamental na formação desse novo leitor. Não exclusivo, mas decisivo no encaminhamento dessas reflexões e na oferta de oportunidades práticas de se exercitar nas muitas – e novas – formas de navegação. Daí a necessidade de incluir nas escolas o trabalho pedagógico em ambientes de hipermídia de modo cada vez mais cotidiano. Formar leitores implica trabalhar com uma linguagem nova; e trabalhar com uma linguagem nova implica trabalhar com novos modos de pensar e estabelecer relações cognitivas. Essa talvez seja uma dificuldade a ser enfrentada pela educação em um momento em que o novo convive com o antigo, em que essas novas formas de pensar estão em constante construção. Também coloca novos desafios para a criação de livros para leitores desse mundo novo que se anuncia.

No campo do design, em particular, é preciso considerar as possibilidades de organização dos espaços de informação que podem atender às tantas possibilidades de navegação que o hipertexto e a hipermídia disponibilizam. Essa organização tem sido chamada por alguns teóricos do design de arquitetura informacional. O desenho do hipertexto considera as possibilidades associativas que se aproximam do modo como o cérebro funciona – por associações que podem abrir e fechar janelas, remeter a outras ideias com as quais se comunicam por contiguidade, oposição ou complementaridade, em um desenho de formas rizotônicas. Diferentes tipos de texto pedem organizações diferentes. A possibilidade de se transitar por diversas plataformas, abertas à interação e indexação de conteúdo, faz do sistema hipermidiático um projeto em constante expansão. O design assume um caráter participativo, uma vez que só quando colocado em contexto de uso traz à tona suas principais funcionalidades. O resultado não pode mais ser visto como um produto, mas como uma produção.

É verdade que textos com alto grau de coesão – como os argumentativos –, cuja construção de sentido exige uma leitura sequencial, mostram-se menos favoráveis às associações que os focados, por exemplo, na informação, que pode se desdobrar em muitas outras informações de outros campos de sentido. O design deve atender a essas diferentes possibilidades e aos limites do hipertexto.

O mesmo vale para a hipermídia. Por seu caráter movente, fluido, submetido às intervenções do usuário, as estruturas da hipermídia constituem-se em arquiteturas líquidas. Como diz Santaella, o design "deve pensar as possibilidades de interação com os nós e nexos de um roteiro multilinear, multissequencial, multissígnico (palavras, imagens, textos, documentos, sons, ruídos, músicas, vídeo) e labiríntico que o usuário, ele próprio, ajudou interativamente a construir".

O design de livros eletrônicos deve considerar, portanto, a multiplicidade de roteiros que o novo leitor/internauta pode percorrer, as possibilidades de cada situação comunicativa, de ambiente, assim como os canais de interação. E será tão mais eficaz quanto mais invisível parecer. A orientação pelas infovias, pela qual o design deve se responsabilizar, deve produzir segurança, permitindo ao internauta uma navegação ajustada aos alvos pretendidos.

Os desafios propostos por essa mudança no modo de pensar e comunicar trazem a responsabilidade, a cada um de nós, de participar e reformular o design, que só se efetiva se ocorre apropriação. Cabe aos novos leitores transitar e criar por meio dessas infinitas possibilidades de conexão. ●

ARTE,
CULTURA
E PAZ
prêmio Avo
ARTE,
CULTURA
E PAZ

DESIGN PARA UM MUNDO EM MOVIMENTO

RICARDO LEITE

Nos últimos 15 anos, o design foi valorizado como ferramenta estratégica, especialmente no que diz respeito ao seu entendimento como processo e ao seu papel protagonista na criação de soluções de problemas e na construção de marcas.

RICARDO LEITE

Sócio e diretor de criação da Crama Design Estratégico e professor da UniverCidade

Surge um novo contexto socioeconômico que não só reconhece o valor das ideias como também eleva a criatividade como capital indispensável para o desenvolvimento e a sustentabilidade, para os negócios e a vida humana. Projetar nesse cenário que clama por criatividade trouxe legitimidade ao design, abrindo portas que o estabeleceram como atividade valorizada.

Ninguém tem dúvida de que vivemos em uma Era de grandes transformações e que, consequentemente, projetamos para um mundo em movimento. Na verdade, transformações sempre existiram na história da humanidade, mas nos últimos anos podemos senti-las mais intensamente em praticamente todos os setores de nossa vida, pessoal ou profissional. Não importa a área em questão, inúmeros questionamentos afloram: de qual rede de relacionamentos você faz parte? Devemos usar veículos movidos a gasolina ou elétricos? O livro digital substituirá o impresso? As escolas e seus métodos de ensino devem ser revistos? Ainda é cabível a valorização dos processos repetitivos, tão úteis para o modelo industrial do início da Revolução Industrial, mas tão distantes de um novo mercado de trabalho que exige criatividade? Em resumo, devemos pensar igual ou diferente? Muitas dessas perguntas, tão latentes, são sintomas da emergente economia criativa, com grande impacto sobre o mercado de design. Quanto ele pode contribuir para essa nova dinâmica econômica e quanto essa nova dinâmica deve modificar a atuação dos designers são indagações amplas e ainda com respostas parciais.

Podemos dizer que inovação, de certa forma, é descobrir algo novo ou aprimorar o que já existe para deixar nossa vida melhor. Foi essa busca instintiva do ser humano que o levou a controlar o fogo, cultivar alimentos e descobrir a roda. Nesse sentido, inovação ou melhorias para as condições de sobrevivência são quase a mesma coisa. Se a busca pela inovação é inerente ao homem, o design foi (e continua sendo) uma das ferramentas mais importantes utilizadas no aprimoramento dos artefatos e processos.

Os tempos recentes diferenciam-se não pelo conceito de inovar, mas pela aceleração das descobertas. O que antes levava gerações para evoluir,

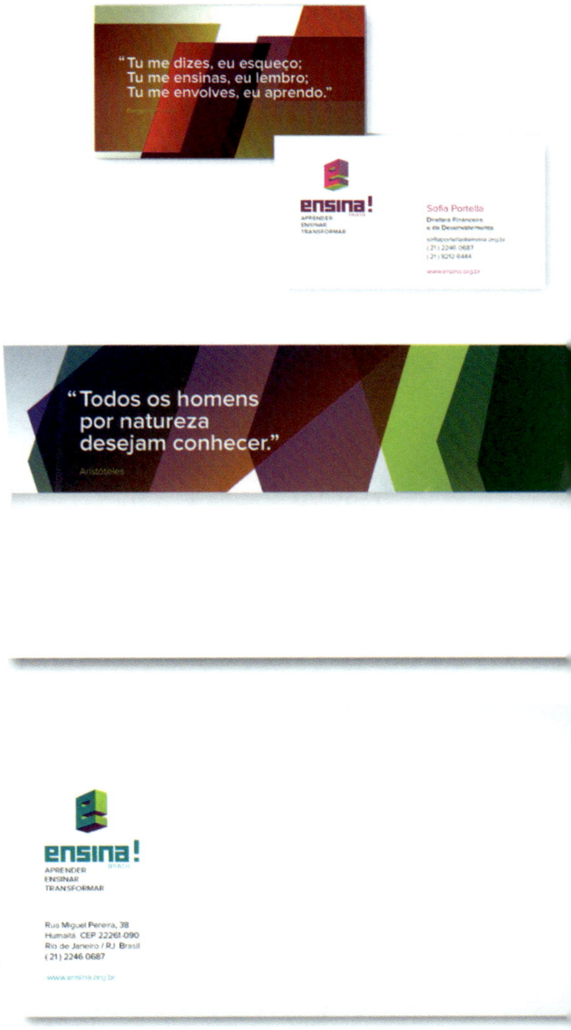

ENSINA!
Peças que desdobraram do projeto de naming, design e estratégia da marca Ensina!, da rede global Teach for All (2010).
Design: Crama Design

DIVULGAÇÃO/CRAMA

hoje, potencializado pela tecnologia digital, acontece diante de nossos olhos, muitas vezes de um ano para o outro. Produtos estão se fossilizando e entrando para as galerias de nossos museus particulares. Quem ainda se lembra das famosas caixinhas amarelas com a marca Kodak? Bem, se você tem mais de 20 anos, deve se lembrar; porém, se essa pergunta for feita a uma criança de 10 anos, ela provavelmente não as conhecerá. Da mesma maneira como não conhece telefones de disco, máquinas de escrever, fitas cassetes, coador de café de pano, antenas de TV e tantos outros artefatos que faziam parte de nosso dia a dia até muito pouco tempo e que já não existem mais. E poderíamos listar um infindável obituário de hábitos, processos ou produtos que deixaram ou deixarão de existir em breve.

É nesse contexto, em que tudo é efêmero e rapidamente perde significado, que vivemos em eterno processo de adaptação. Para os mais idosos, preparados para um mundo que mudava lentamente, a velocidade do novo é assustadora. Para os mais jovens, é o paradigma que sempre existiu, então soa natural.

A velocidade das transformações aumentará a cada dia, tendo como origem os recursos digitais que potencializam pesquisas, promovendo a evolução do sistema criativo e produtivo em progressão exponencial. Vivemos, portanto, um movimento de renovação constante, quando a criação do novo é retroalimentada pela sociedade, que reativamente anseia pela novidade, em um ciclo infindável. Com isso, marcas, produtos e serviços reinventam-se em uma rapidez estonteante, com a consequente ressignificação de nossa vida, tornando-nos pessoas inquietas e ávidas por novidades. Não aceitamos mais um mundo estático.

Capturar a atenção de audiências inquietas e naturalmente menos fiéis tornou-se o maior desafio para qualquer marca. Projetar dentro desse paradigma impõe, ao designer, considerar o movimento em dois aspectos fundamentais: a dinâmica cultural desse novo mundo e a dinâmica tecnológica que as novas plataformas digitais permitem. Ambos os aspectos transformaram profundamente o mercado de comunicação, e consequentemente o de design.

PRÊMIO AVON
Identidade e aplicações premiadas no Brazil Design Awards (2009).
Design: Crama Design

FOTOS: DIVULGAÇÃO/CRAMA

Vejamos o impacto sobre o design de marcas: até o fim da década de 1990, logos eram criados com regras bastante rígidas, programados nitidamente como sistemas estáticos. Manuais de identidade visual restringiam qualquer variação formal, tratando aquele elemento simbólico como um ícone inalterável e único. Do ano 2000 para cá, surgem as marcas com aspectos formais múltiplos e que assumem anatomias, cores ou expressões diferentes. De certa forma, esses logos que se "mexem", mesmo ainda sendo primordialmente projetados para mídia impressa, já antecipam um "futuro" no qual, já se sabe, as possibilidades do movimento serão onipresentes.

Logos e expressões visuais variadas, que defino como "design fluido", traduzem visualmente que as marcas não estabelecerão mais uma comunicação unilateral com os seus públicos, mas um diálogo. Digo públicos no plural porque agora as marcas se relacionam com diferentes grupos e seus possíveis cruzamentos de interesses. Além disso, não existe um único perfil em cada cliente, o que o transforma em um multicliente, que precisa ter cada situação de sua vida tratada

GLOBONEWS
Reposicionamento da marca GloboNews promove convergência entre estratégia, conteúdo e design, levando para casa o bronze na categoria estratégia de design do IDEA/Brasil 2011.
Design: Crama Design

de modo independente, algo bastante complexo quando levamos em conta que a marca não deve perder a sua coerência. Essa orquestração é, nos dias de hoje, o maior desafio para a comunicação das marcas e criação de produtos ou serviços, permeando a concepção do design.

Com as novas plataformas digitais, além do cinema e da TV aberta, passamos a ter mais canais de comunicação para o uso de vídeos. Até há poucos anos, apresentar animações das marcas e suas identidades era, na maioria das vezes, inacessível para grande parte das corporações. Enquanto, de um lado, não havia muitos canais midiáticos disponíveis, de outro, eram altos tanto o custo de produção como o de veiculação nos poucos canais que existiam. Os meios de produção estavam distantes das agências de design, ficando as animações a cargo das produtoras de filmes, que possuíam equipamentos sofisticados e caríssimos.

No fim da década de 1990, projetamos a marca nova da operadora de canais TVA. Para desenvolver com qualidade as vinhetas institucionais de seu canal de programação, foi necessário fazê-las em uma produtora, com um custo bastante elevado. Já no projeto da nova marca e on air para a GloboNews, canal de notícias da Globo, apenas dez anos depois, executamos as vinhetas em nossa própria agência, com a qualidade final para a veiculação em TV. Equipamentos e programas estão agora acessíveis para agências de design ou mesmo para um designer independente.

O design estratégico e seu processo transversal fez-se presente nesse projeto para a GloboNews. A criação de uma "cara" mais moderna para o canal levou-nos a um mergulho profundo no entendimento do que é um canal de notícias em uma plataforma de TV por assinatura e concluímos que era importante uma marca monolítica nesse ambiente em que se "zapeia" tanto. O canal até então hierarquizava as marcas dos programas acima das do canal. Nascia ali a estratégia do design do canal.

Com base na diretriz de o noticiário ser dinâmico e vivo, alterando-se a cada segundo, criamos um sistema visual com uma marca que se movimenta, em efeito de contração e distensão. Por meio do efeito de zoom o telespectador consegue perceber que o logo se revela em diversas camadas, representando os diferentes níveis das notícias. No descortinar dessas camadas presentes nas laterais da palavra News aparecem as imagens da notícia, e no jogo de foco e desfoque demos relevância aos fatos. Da premissa do movimento da marca e

TVA
Em 2009, a TVA expandiu seus canais de comunicação com o cliente e reformulou sua logomarca, além das vinhetas e outros recursos de mídia.
Design: Crama Design

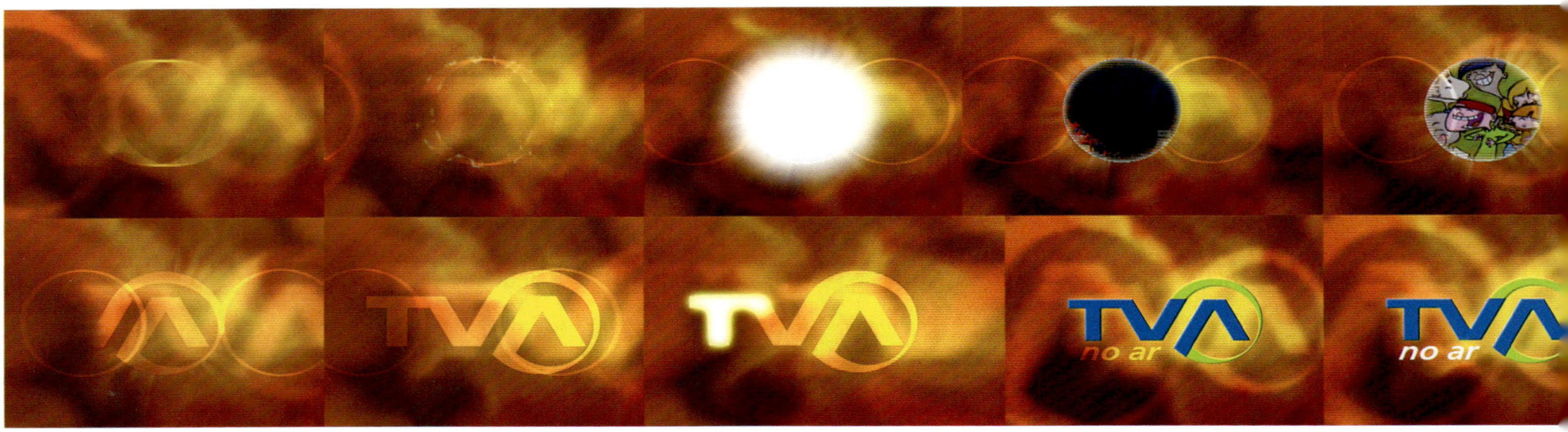

FOTOS: DIVULGAÇÃO/CRAMA

HSM
Novo projeto de identidade da HSM Educação (2011).
Design: Crama Design

do próprio canal repensamos o todo, orientando maior dinamismo de câmeras, com variação nos enquadramentos e uma cenografia mais livre e distante dos padrões de telejornais, liberando os apresentadores dos telejornais de permanecerem apenas sentados atrás de uma mesa. Por fim, definimos como essa nova marca devia existir nas diversas plataformas digitais e impressas disponíveis naquele momento. Como se pode concluir, tratou-se de um processo criativo transversal, em que, trabalhando junto do cliente, de modo colaborativo e estratégico, se alcançou um resultado inovador.

Não resta dúvida de que o mundo impresso vai ser mais restrito. Em pouco tempo, cartazes promocionais estáticos em pontos de venda serão substituídos por telas que reproduzirão mensagens visuais digitais, trazendo a dinâmica que o atual mundo interativo exige. Em pouco tempo, o design em movimento prevalecerá sobre o que já ouso chamar de design clássico. Anúncios veiculados em aplicativos, visualizados em smartphones ou tablets, ainda derivam das peças publicitárias publicadas nas revistas físicas e, na maioria das vezes, apenas movimentam seus layouts. Mas em pouco tempo a lógica será invertida, fazendo que a mídia estática tenha uma concepção criativa derivada da veiculação em motion. As possibilidades serão ainda maiores se considerarmos o uso do 3D ou mesmo da holografia. Podemos prever que tais recursos, ainda restritos aos grandes estúdios de cinema, em breve estarão acessíveis para todos. Para os produtos físicos, as impressoras 3D revolucionam processos criativos e de prototipagem, inovando o sistema produtivo com efeitos de grandes proporções para o mercado.

O mundo em transformação, que caracteriza a economia criativa, obriga-nos a repensar os processos criativos e a incorporar o movimento como parte fundamental do design, para que não fiquemos obsoletos e sejamos "engolidos" pela exigência do mercado atual. ●

BRASIL ICONOGRÁFICO

MAURÍCIO MEDEIROS

A vertente para o autêntico design de moda brasileiro. Vilarejo, cidade, estado, país, Brasil.

MAURÍCIO MEDEIROS

Sapateiro, pensador e entusiasta brasileiro

Da pitoresca comunidade ao "B" dos Bric's, nossas raízes expõem o repertório multifacetado que a cultura brasileira oferece a todas as vertentes do pensamento criativo, possibilitando a geração autêntica e desejosa de nossos traços, a que muitos chamam "alegria" ou "cor brasileira".

Não há muito tempo, a moda no Brasil era apenas a soma de talentos individuais, os desbravadores de ideias traduzidas em roupas, acessórios e lojas monomarcas. Agrupados pela esplêndida iniciativa de Paulo Borges, fizeram surgir as semanas de moda brasileira, hoje São Paulo Fashion Week e Rio Fashion Week.

Pensamos com a grandeza do sexto PIB mundial e agimos em meio a um sistema arcaico, baseado no gigantismo do Estado, que contribui com apenas 3% dos 36% que arrecada do total da riqueza produzida em nossas terras. Mesmo assim, e apesar disso, somos protagonistas e podemos dizer que a cadeia produtiva da moda brasileira é hoje um dos mais promissores setores criativos do mundo e, sem qualquer dúvida, o cluster mais bem assistido e integrado se comparado aos países que consideramos referência na moda mundial – e isso devemos às empresas, seus trabalhadores e suas associações representativas, bem como à Apex-Brasil (Agência Brasileira de Promoção de Exportações e Investimentos) e ao Sebrae (Serviço Brasileiro de Apoio às Micro e Pequenas Empresas).

Estamos, de forma estruturada, por meio do SMB (Sistema Moda Brasil), integrados em uma agenda coletiva e visionária, no sentido de projetar a moda nacional com base em nossas maiores virtudes, traduzidas na maneira de ser vibrante, diversa e sustentável de nosso povo.

LINO VILLAVENTURA
Desfile de Lino Villaventura, um dos representantes mais expressivos da moda brasileira contemporânea.

MARTHA MEDEIROS
Trabalha o aspecto luxuoso da trama artesanal, em parceria com artesãs alagoanas.

O grande desafio será construir a autenticidade da moda brasileira, fazendo que o mundo perceba o que realmente somos e refletimos nesse talento nato, muito reconhecido pelo jeito de ser e viver do brasileiro.

Percorremos hoje o caminho mais assertivo e inspirador para os atuais e novos atores da produção de moda nacional, qual seja, estimular a criação tendo como base a etnografia e iconografia desse imenso país, revelando, por meio das artes, da herança cultural, dos sistemas de mídias e das criações funcionais, o que de mais original podemos realizar – o autêntico design brasileiro.

O movimento do pensamento mecanicista para o dos valores simbólicos estimula o imaginário desse povo, pois somos mais criativos que qualquer cultura do planeta. Temos a multiplicidade étnica convivendo na mais perfeita harmonia, somos agraciados com uma natureza exuberante e voluntariosa, onde plantamos e colhemos todos os frutos para construir um Brasil que deixa de ser futuro para se constituir no presente.

A economia criativa tem como base a produção de bens simbólicos, em que prevalece a expressão singular da diferenciação, agregando mais valor ao bem ou serviço criado, gerando felicidade em quem usufrui dessa produção.

O SMB, composto da Abit (Associação Brasileira da Indústria Têxtil e Confecção), da Assintecal (Associação Brasileira de Componentes para Couro, Calçados e Artefatos), do IBGM (Instituto Brasileiro de Gemas e Metais Preciosos), do CICB (Centro das Indústrias de Curtumes do Brasil), da Abicalçados (Associação Brasileira das Indústrias de Calçados) e da Abest (Associação Brasileira de Estilistas), forma hoje o maior cluster integrado da moda no sistema solar. Esperamos que nos próximos anos nossa moda tenha a devida relevância pelos esforços que estamos, em conjunto, imprimindo, para que o mundo deseje o que no Brasil se cria, autenticidade.

OSKLEN
Se destaca pela transição da casualidade da moda esportiva para um estilo autoral e sofisticado, com forte identidade brasileira.

ISABELA CAPETO
As coleções de Isabela Capeto, brasilidade sem clichês.

RONALDO FRAGA
Turista Aprendiz na Terra do Grão Pará, coleção de Ronaldo Fraga inspirada na diversidade paraense e em sua relação produtiva com a Cooperativa de Biojoias de Tucumã.

A JOIA BRASILEIRA

MANOEL BERNARDES

A evolução da indústria joalheira no Brasil é recente. Desde os tempos coloniais, havia restrições da metrópole ao uso do ouro no Brasil, impedindo a prática da função de ourives, o que veio a acontecer apenas a partir da chegada da Corte Portuguesa ao Rio de Janeiro, em 1808.

MANOEL BERNARDES

Responsável pelo desenvolvimento de produtos e pela comunicação e marketing da empresa Manoel Bernardes

Com ela, imigrou uma série de artesãos, mas não chegamos a contar, na ocasião, com um modelo de implantação dessa indústria, que permaneceu incipiente durante os séculos XIX e XX, com um início de industrialização a partir dos anos 1940.

Durante todo o século XX, as joias vendidas no Brasil tinham a Itália como sua principal procedência, o que se tornou um fator de forte influência para nosso gosto.

As primeiras indústrias brasileiras repetiam modelos e estilos italianos. E eram, quase sempre, cópias malfeitas e reduzidas, adaptadas à realidade econômica local. O Brasil, assim, era tido como um país copista.

A partir do Plano Real, a indústria brasileira de joias, que até então trabalhava para uma parcela pequena da população, percebeu que seria possível vender para outros segmentos. Essa janela de oportunidade fez que um grupo de produtores brasileiros, no qual me incluo, passasse a discutir as possibilidades de fazer joias legitimamente brasileiras, com desenhos que pudessem dar uma identidade para nossa produção e ao mesmo tempo refletissem o estilo de vida de nosso povo.

Essa concepção envolvia algumas premissas. A primeira é a ousadia característica da mulher brasileira, que não tem receio de inovar e de usar peças grandes. A segunda é que somos um país solar e colorido. Nossas joias deveriam ser luminosas para expressar essa característica, e as gemas brasileiras poderiam ser uma resposta a esse desejo. Inclusive, com a vantagem de terem preço relativamente acessível, facilitando o uso de pedras grandes e maior liberdade no processo de fabricação, sem a exigência de uma economia exagerada no uso da matéria-prima para evitar perdas significativas. Finalmente, a terceira premissa é a sensualidade das brasileiras, a ser traduzida nas joias pelo movimento, pelas articulações, pelo balanço.

Essas diretrizes delimitaram o perfil da joia brasileira e a ajudaram a alçar voos estilísticos mais altos, permitindo que a evolução de sua identidade se desse de forma muito mais rápida do que no modelo tradicional de indústria do país.

RAIN DROPS
Design: Manoel Bernardes

DIVULGAÇÃO/MANOEL BERNARDES

Em 15 anos, experimentamos uma mudança extraordinária, deixando de ser meros copistas para sermos produtores de design reconhecidos no mundo.

A consolidação desses resultados positivos, entretanto, implica vários desafios que temos de vencer. Há uma enorme deficiência de capacitação técnica no setor, com pouquíssimos cursos técnicos disponíveis e 95% dos profissionais com perfil prático. Da mesma forma, os empresários quase sempre tiveram origem na atividade prática da joalheria e o setor exibe lacunas gerenciais recorrentes que dificultam a perenização das empresas.

FOTOS: DIVULGAÇÃO/MANOEL BERNARDES

BRAZILIS
Design: Manoel Bernardes

Também enfrentamos gargalos nos canais de comunicação, distribuição e logística que representam perdas expressivas de tempo e competitividade. São fatores cruciais que exigem o encaminhamento de soluções para conquistarmos uma economia de escala que nos permita ampliar o mercado interno, exportar mais e com isso nos defender da invasão das indústrias de outros países. Esse é um cenário que almejamos a longo prazo, mas a conjuntura recente é favorável. Com o aumento de seu poder aquisitivo, o brasileiro se permite alimentar, em uma escala de valores, seus déficits de consumo.

A gestão do design é um dos grandes desafios de nossa atividade. Poucos empreendedores do setor priorizam, como seria ideal, esse fator de competitividade. Tendo em conta que não temos vantagem competitiva na escala industrial, ainda com um baixo nível de consumo interno e o volume pequeno de produção decorrente disso – atualmente em torno de 20 toneladas por ano –, a diferenciação pelo design deveria ser, entretanto, a nossa força motriz. Sua aplicação não depende da mera contratação de design; é algo mais amplo, que resulta na definição estratégica do posicionamento de cada marca, nos grupos de clientes com os quais ela dialoga, nos canais de distribuição que ela opera ou almeja e, por fim, em uma memória que possa ser explorada no desenvolvimento dos produtos, como arcabouço simbólico fundamental da marca.

A meu ver, a chave para um diálogo mais sedutor das marcas de joias com seus potenciais consumidores está na valorização da conotação simbólica, que lastreia plenamente a venda de nosso produto. Temos de estimular o desejo dos consumidores, sugerir a troca de sentimentos por gramas de ouro, valorizar os atributos que marcam com joias ritos de passagem como o casamento, o noivado, o nascimento. As joias compõem o patrimônio afetivo das famílias. Em tempos de relações afetivas mais etéreas, famílias menores e casamentos tardios, precisamos reconstruir o simbólico da joia, criando fatores de aproximação com uma nova geração de consumidores. Assim, poderemos salvaguardar o espaço que a joia ocupa no imaginário das pessoas, lembrando que existe essa possibilidade de traduzir sentimentos por meio de um objeto menos perecível em um mundo em que tudo é cada vez mais descartável.

Atualmente com cinco lojas em Belo Horizonte, a Manoel Bernardes experimentou, particularmente, esse processo de renovação. Temos em nosso DNA as gemas de cor, das quais meu pai, o fundador da empresa, foi o maior comerciante no Brasil. Quando ele faleceu, em 1975, tivemos de reinventar a empresa. Nesse intervalo, convertemos parte importante dos ativos da empresa nas joalherias, que nasceram com uma visão moderna e foram muito bem acolhidas. Chegamos a ter 12 lojas, além de joint ventures na Tailândia, nos Estados Unidos, no Caribe e no Extremo Oriente. Aos poucos, entretanto, o Brasil foi perdendo competitividade internacional, tornou-se caro, e a indústria joalheira cresceu muito na Ásia.

Em 1998, decidimos enxugar a empresa, desistimos de trabalhar com pedras de baixo valor, nos desfizemos das lojas que não tinham posicionamento de luxo. Nossa opção foi investir na diferenciação pelo design e passamos a trabalhar com o conceito de luxo acessível. Em 2006, agregamos à oferta das joias de fabricação própria e venda exclusiva marcas de relógio de alto luxo, visando a fortalecer a ideia das lojas como complexos de luxo. Passamos, também, a investir na gestão de design da marca em todas as esferas da comercialização, envolvendo comunicação visual, música, odor, embalagens. Nos últimos 15 anos, temos trabalhado incessantemente a marca e sua imagem em busca desse DNA reconhecível, certos de ter o design como um fator que garantirá a sustentabilidade de nossa estratégia ao longo do tempo.

BANG
Design: Manoel Bernardes

FLEUR
Design: Manoel Bernardes

QUANTA
Design: Manoel Bernardes

RAÍZES
Design: Manoel Bernardes

JAIPUR
Design: Manoel Bernardes

O DESIGN
DE CALÇADOS
NO BRASIL –
HISTÓRICO, ABRANGÊNCIA
E TENDÊNCIAS
ILSE GUIMARÃES

O design de calçados nem sempre teve o status de outros trabalhos autorais, como os demais ofícios relacionados à moda.

ILSE GUIMARÃES
Doutora em engenharia de produção pela UFSC e superintendente da Assintecal

Na passagem do século XIX para o século XX, com a diminuição do comprimento dos vestidos, os sapatos ganharam visibilidade e os criadores conquistaram destaque, sendo considerados artesãos ou mestres de ofício.

Esses mesmos artesãos foram os que deram o primeiro impulso para uma linha de produção de calçados no Brasil, com a imigração de colonos alemães em 1824, os quais dominavam a técnica do curtimento da pele e da confecção de sapatos. Esse grupo se estabeleceu no vale do rio dos Sinos, no Rio Grande do Sul, estado que possuía abundância de couro por conta do abate de animais para a produção de charque. Cerca de 50 anos mais tarde, a imigração italiana também trouxe ao Brasil experientes artesãos de calçados. Desses, muitos foram para São Paulo e alguns para o Rio Grande do Sul, fazendo que houvesse uma consolidação da indústria calçadista nacional.

Quando Carmem Miranda, um mito nacional, desejou parecer mais alta e se valeu, para isso, de plataformas espetaculares, o calçado foi associado à sua imagem. Sob sua influência, a plataforma transformou-se no solado nacional por excelência, e está presente até hoje em nossa indumentária.

Na década de 1960 surgiram as Havaianas, um dos maiores fenômenos brasileiros e mundiais, que tiveram nessa mesma década sua patente registrada. Mesmo considerando a influência dos chinelos japoneses, seu desenho e parte de sua grande popularidade inicial devem-se muito ao singelo chinelinho de dedo e couro do Nordeste, de grande popularidade em todo o país.

Nos anos 1970, a ascensão de um novo produto fez moda no Brasil: as sandálias full plastic. Elas bateram em nossas praias nessa época e daqui saíram para conquistar o resto do mundo com técnica e estilo completamente dominados pela Grendene, sob o nome de Melissa.

A década de 1980 foi fundamental para o calçado no Brasil, marcando o início do ciclo de viagens de pesquisa ao

HAVAIANAS
Com estampa da obra Abaporu, de Tarsila do Amaral.

PEEP TOE
De salto anabela Berlonzi.

BERLONZI

OXFORD PHYTON
Cavage verão 2012.

OXFORD MARIA GARCIA

GLORIA COELHO
Para Shoestock.

exterior, realizadas por um pequeno grupo de industriais e estilistas que identificaram antecipadamente as possibilidades comerciais decorrentes dessa prática. Como a maioria dos consumidores por aqui desconhecia a origem dos modelos, determinadas marcas passaram a usufruir do status de criadoras, quando na verdade sua qualidade se resumia ao bom faro comercial.

Ainda que sustentado pela cópia, um surto de calçados de estilo tomou conta do país. E nesse ponto cabem bem as observações de Andrea Branzi, no prefácio do livro *Análise do design brasileiro: entre mimese e mestiçagem*, de Dijon de Moraes: "Esta é, talvez, a verdadeira tradição brasileira e também a sua originalidade: trabalhar sobre o já existente, sobre o predefinido, sobre o construído, modificando-lhe os signos, a estética, a expressividade, até modificar o seu sentido e sua interpretação. Ou seja, a cultura brasileira é uma grande cultura simbiótica, quase parasitária, que constrói layers leves e transparentes, para assentar sobre o mundo existente até fazê-lo mudar de fisionomia. Intervindo sempre sob o exposto, sem tocar sua essência. Sem produzir um novo estilo, mas anexando sabores e sentidos àqueles já existentes. Nessa definição não há nada de negativo; ao contrário, existe o esforço de individualizar os motivos da originalidade e da atualidade do design brasileiro".

Nos anos 1990, encerra-se o período de crescimento das exportações por dois entraves: política monetária interna e concorrência asiática. Com isso, é necessário repensar o modelo produtivo, já que uma das estratégias foi voltar-se para o mercado interno. O processo de produção de esteiras

das grandes empresas exportadoras passou a acolher toda a multiplicidade da moda, em tudo oposta ao sistema de produção em grandes volumes. Se isso era difícil na parte produtiva, o pensamento e a abordagem culturais praticamente ficaram os mesmos. Grandes empresas realizaram a passagem agregando informação de moda a seus produtos, vendendo a preço baixo e em larga escala, mas não reconheceram a cultura da moda como essencial para o seu negócio, ficando sempre à espera dos lançamentos dos continentes europeu e americano.

Mas, nessa década, também aconteceram algumas expressões da nova relação da indústria com o desenho autoral. Foi o caso do Studio Arezzo. Enquanto a regra para continuar vendendo era a cópia do design internacional, a Arezzo fomentava a criação. A marca reuniu um grupo significativo de criadores nacionais, com exposições na primeira fase e desfiles na segunda, durante várias edições do São Paulo Fashion Week, Amni Spot e Casa dos Criadores. Sua atuação abriu caminhos e ofereceu suporte técnico para que designers de vestuário também se dedicassem à criação de calçados.

Nos anos 2000, quando o calçado brasileiro ainda enfrentava sucessivas crises, estudos de mercado e posicionamento apontaram o design e a originalidade brasileiros como solução para seu futuro, já que outros centros de produção mundial ocupam o espaço reservado às cópias e produtos de baixo preço.

Uma primeira iniciativa com esse foco foi o Fórum de Inspirações, hoje um trabalho conjunto de todo o setor de moda brasileiro, já em sua 24ª edição, com atuação de associações de classe como a Assintecal (Associação Brasileira de Empresas de Componentes para Couro, Calçados e Artefatos), a Abicalçados (Associação Brasileira de Calçados) e o CICB (Centro das Indústrias de Curtumes do Brasil). Seu conceito está tão bem estabelecido que começa a integrar outras cadeias produtivas, como a de confecções/têxteis, graças à transversalidade dos materiais produzidos. Paralelamente a esse trabalho há outros projetos do setor no âmbito da economia criativa, como o Mix By Brasil, que busca no artesanato uma aplicação para os setores produtivos locais, e o Referências Brasileiras, que aposta no resgate das culturas locais e sua apropriação no desenvolvimento de produtos. ●

SNEAKER LOULOUX

COSTANZA PASCOLATO
Para Shoestock.

AREZZO
Sandália rasteira com aplicações de flores no cabedal.

TAMANCO POPULAR

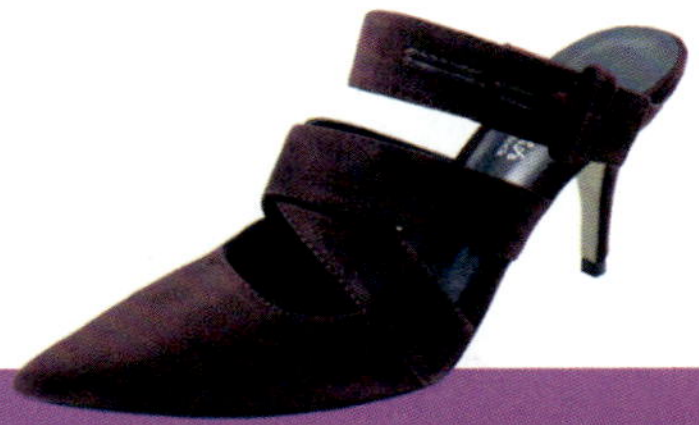

Autores

Ana Carla Fonseca é mestre em administração e doutora em urbanismo pela USP, é assessora em economia criativa da ONU, professora convidada da FGV-SP, da Universidad Nacional de Córdoba (Argentina) e da Universidad Rey Juan Carlos (Espanha). É sócia-diretora da Garimpo de Soluções.

Antonio Haslauer é executivo de branding, estrategista de moda e diretor da Visionaire.

Auresnede Pires Stephan é designer e professor de design na Faap, Fasm, ESPM e no IED, com ampla atuação em curadorias e coordenação de prêmios na área. É conselheiro do Museu da Casa Brasileira.

Carlos Eduardo Scheliga é presidente da ADP (Associação dos Designers de Produto).

Carlos Ferreirinha é fundador e presidente da MCF Consultoria e Conhecimento, especializada no negócio de luxo e premium. Foi presidente da Louis Vuitton Brasil e embaixador mundial de marketing da EDS (Electronic Data Systems)/HP.

Cesar Giobbi é jornalista há 40 anos, mais de 30 deles no Grupo Estado. Mantém o site cesargiobbi.com.br, atua como comentarista cultural do *Jornal da Gazeta* e escreve para a revista e o site do Shopping Cidade Jardim. Também edita a revista *Oscar*, do Grupo Doria.

Cesar Hirata é diretor-executivo de criação e sócio da FutureBrand.

Christiano Braga é economista com pós-gradução em comércio exterior e especialização em sociedade contemporânea. É gestor de projetos de economia criativa e serviços da Apex-Brasil.

Dijon de Moraes é PhD em design e reitor da UEMG.

Eduardo Rodrigues é sócio e diretor de criação da e|ou mkt de relacionamento.

Fabio Arruda Mortara é industrial gráfico, presidente da Abigraf Nacional (Associação Brasileira da Indústria Gráfica) e do Sindigraf-SP (Sindicato das Indústrias Gráficas no Estado de São Paulo).

Fred Gelli é cofundador e diretor de criação da Tátil Design, empresa responsável pela criação da marca dos Jogos Olímpicos e Paralímpicos Rio 2016. Em 23 anos, conquistou mais de 100 prêmios, entre eles o iF Design Award; IDEA-USA; D&AD; Caboré e Cannes Lions.

Gisela Schulzinger é professora do curso de graduação em design da ESPM e diretora de brand innovation da Pande.

Hécliton Santini Henriques é presidente do IBGM e diretor do Instituto Brasil Criativo.

Hubert Alquéres é vice-presidente da Câmara Brasileira do Livro e do Colégio Bandeirantes. Foi secretário-adjunto estadual da Educação de São Paulo entre 1995 e 2002 e presidente da Imprensa Oficial de 2003 a 2011.

Ilse Maria Biason Guimarães é doutora em engenharia de produção pela UFSC e superintendente da Assintecal (Associação Brasileira de Componentes para Couro, Calçados e Artefatos).

Ivo Pons é doutor em arquitetura e urbanismo, presidente da ONG Design Possível, diretor da Associação dos Designers de Produto e professor pesquisador da Universidade Presbiteriana Mackenzie.

Joice Joppert Leal é fundadora e diretora-executiva da Associação Objeto Brasil desde sua criação em 1996, do Instituto Brasil Criativo, organizadora do prêmio IDEA/Brasil, do evento Fresh from Brasil em Nova York, curadora de publicações e de exposições de design brasileiro no Brasil e no Exterior.

José Eduardo Azevedo Fiates é diretor-executivo do Sapiens Parque, diretor de inovação da Fundação Certi e diretor-geral da CVentures Empreendimentos Inovadores e Participações S.A.

Levi Girardi é diretor da Questto|Nó.

Lincoln Seragini é presidente da Seragini Design Innovation e diretor do Instituto Brasil Criativo.

Luciano Gama é economista e consultor em políticas públicas.

Manoel Bernardes é responsável pelo desenvolvimento de produtos e pela comunicação e marketing da empresa do setor joalheiro Manoel Bernardes, situada em Belo Horizonte.

Marcelo Aflalo é arquiteto, designer e artista gráfico, sócio-fundador da Univers Arquitetura e Design, que atua desde 1987, desenvolvendo trabalhos de identidade global que envolvem projetos gráficos, arquitetônicos e desenho de produtos. Atua como professor na graduação e pós-graduação da FAAP, desde 1998.

Marisa Ota é sócia-fundadora da Ota Design, que organiza e promove feiras e exposições culturais, e presta consultoria na área de design.

Maurício Medeiros é sapateiro, pensador e entusiasta brasileiro.

Mercês Parente é consultora em artesanato e arte popular.

Michel Lent Schwartzman é pioneiro do mercado digital brasileiro, designer gráfico e mestre em telecomunicações interativas pela New York University. Desde 2011 é sócio do Grupo.Mobi.

Ricardo Leite é sócio e diretor de criação da Crama Design Estratégico e professor da UniverCidade desde 1994.

Rico Lins é designer, diretor de arte, ilustrador e educador com amplo reconhecimento internacional. Dirige o RicoLins+Studio e o Espaço Fronteira, em São Paulo.

Rosa Moraes foi responsável pela implantação, há 13 anos, do primeiro curso superior de gastronomia do Brasil, na Universidade Anhembi Morumbi, em São Paulo. É diretora de hospitalidade e gastronomia da Laureate Brasil, maior grupo privado de educação do mundo.

Tucker Viemeister é diretor de projetos especiais da Raa, em Nova York, com ampla experiência prévia nas empresas Smart Design, Frog Design, Razorfish e Springtime, além de seus aprendizados como parte do Grupo Rockwell.

Vinícius Capovilla é sócio-proprietário da Saperian, uma agência de desenvolvimento do conhecimento gastronômico e sua aplicação em projetos culturais, educativos e institucionais.

Waldemar Zaidler foi um dos precursores do movimento de graffiti na cidade de São Paulo. É designer, professor no curso de pós-graduação em design gráfico da FAAP e artista visual, com participação em inúmeras exposições no Brasil e no exterior e obras em acervos diversos.

Impressão **Bandeirantes Gráfica**